푸른詩 100선

우리들이 사랑하는
푸른詩 100선
푸른문학회 詩·隨筆選 ⑩

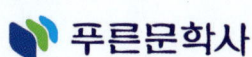

푸른詩 100선 - 제10호
푸른문학회 30인의
우리들이 사랑하는
빛나는 시·수필선집
푸른동행입니다...

　　　　　　드림

| 발간사 |

푸른 동행「푸른詩 100선」10호

존경하는 푸른문학회 임원님, 회원님 반갑습니다.
코스모스와 소나무 향으로 열 번째 〈푸른詩 100선〉을 출간합니다.
임원님, 회원님 30명의 시와 수필로 엮었습니다.
고매한 인품을 지니고, 윤택하고 빛나는 옥고 주셔서 행복합니다.

봄날에는 목련화 송이 바라보면서 미소꽃 피고
여름 숲에서는 푸르름과 생기 머금은 무궁화를
가을 하늘에선 달과 무수히 찬란한 별들을
겨울 바다에 내리는 눈꽃을 고이 품곤 했습니다.
우리 푸른문학회에 미소꽃이 피어나기를…
그 미소가 우리 사회의 푸른 희망이 되기를…

푸른문학회에서 출간하는 〈푸른詩 100선〉은 회원님들 작품
가운데서 내가 좋아하는, 내가 뽑은 역작, 쾌작으로
시와 수필 1~3편씩을 모아서 출간합니다.

영원히 시들지 않는 문학의 꽃과 나무!
 가장 축복받은 것은, 소담한 시심에서 그려진 마음을 비운데서 얻는 깨달음입니다.
 따뜻함과 정결함이 느껴지는 영혼이 순백한 분들과 한마음 한뜻으로 정진하니 행복합니다.

 윤종대 화백님의 '코스모스' 명작품, 표지화 성원에 고맙습니다.
 靑五 편집위원장님, 편집위원님과 함께 좋은 작품들을 진솔한 마음으로, 편집국장님께서 세련된 디자인을 하였습니다.

 푸른문학 10주년 기념식과 푸른문학 40호, 푸른시 100선 출판 기념회에서 반가이 뵙겠습니다.
 함께하신 사백님과 애독자님께 참으로 감사합니다.
 「푸른시 100선」 10호 함께한 문학인님 감사합니다.

2025년 푸르른 날에

푸른문학 · 푸른문학사 대표
푸른문학회 회장   이은별 Poem
푸른문학신문 대표

| 푸른 詩 100선 | 데스크 칼럼

푸른문학 추수

들녘에 황금물결
풍년가를 부르세나

알알이 영근 결실
한해 농심이 피어나고

풍요로운 추석으로
천신을 드리노라

만복을 누리며
새해 희망의 씨앗을 심는다

졸시 <추수> 전문입니다.

추수의 계절이 왔습니다. 농부님은 씨 뿌려 땀흘려 농사를 짓고 문인들은 열정적인 창작의 문학 농사를 지었습니다. 농사가 대풍을 이루듯 우리들의 문학 농사도 풍요롭습니다.

푸른문학사에서 매년 출간하는 우리들이 사랑하는 시, 수필선 푸른시 100선 제10호를 상재합니다.

격동의 세월을 살아오면서 문학인의 사명에 충실하고, 창작의 열정을 꽃피우신 작가 여러분께 심심한 감사를 드립니다.
　여러분의 작품을 통하여 시대 정신을 읽을 수 있었고, 문학과 예술의 올곧은 길을 동행할 수 있었습니다.

　시 한 편 한 편마다, 명수필의 구구절절이 명문장으로 폐부에 와닿아서 깊이 감동하게 하였습니다.
　땀 흘린 만큼 문장의 깊이가 더하고 문학의 길을 확장하면서 문인의 자질과 품격을 한층 높이셨습니다.
　푸른시 100선을 통하여 문단의 저력을 발휘하시고, 새로운 문학도 여러분의 희망과 도전의 길라잡이가 되셨습니다.

　뽕나무밭이 푸른 바다가 되는 성숙의 기간을 회상해 보니 눈부신 발전을 하였습니다. 작가 여러분의 참여와 협조 가운데 이룬 문단의 큰 변화가 아닐 수 없습니다. 주옥같은 여러분의 작품 하나하나가 세상에 태어날 때, 불멸의 역사와 많은 사람에게 성장의 디딤돌이 되어줄 것입니다.

　쉼 없는 작가 정신으로 늘 건안건필을 기원합니다.
　한가위 대명절을 맞이하여 푸른시 100선 제10호 상재를 거듭 축하드리며, 작가 여러분의 앞날에 문운이 충만하시고, 소원성취하시길 기원합니다.

　　　　　　　을사년 10월 6일 한가위

　　　　　　　青五　임 재 주

　　　　　　　　푸른문학·푸른문학사 주간
　　　　　　　　푸른문학신문 부대표
　　　　　　　　푸른시 100선 편집위원장

푸른詩 100선

이은별 임재구 김화수 강윤수 고정관
권영엄 김경원 김금분 김승   김영희
김한결 남점식 류재엽 문각   박홍기
배문옥 송치삼 신차남 신청균 신현준
안청자 유병열 유준희 윤번웅 이영순
이영자 이정희 장봉진 최낙철 홍중표
〈존칭 생략〉

1부 푸른하늘과 희망

발간사	이은별 · 6	
편집 데스크	임재구 · 8	
이은별	북한산의 숲 · 18	
임재구	밤따기 · 22	
김화수	학문의 길 · 26	
강윤수	억새꽃 인연 · 30	
고정관	가을 채비 · 36	
권영엄	또 만나고 싶은 것들 · 40	
김경원	낙엽을 정독하다 · 44	
김금분	태종대의 가을 · 48	

2부 푸른산에서 시 한수

김승	꿈에 항구 · 56
김영희	후회 · 60
김한결	홍어삼합, 그리고 김선생! · 64
남점식	내연산 산행 · 70
류재엽	옥상 빨래와 어깨를 겯다 · 76
문각	누구를 탓하리오 · 80
박홍기	봄의 태동 · 84
배문옥	할미꽃 · 88

3부 푸른바다에서 행복

송치삼	편지 · 96	
신차남	에델바이스의 매력 · 100	
신청균	그대에게 · 104	
신현준	낮달 · 108	
안청자	덕천서원 배롱나무 · 114	
유병열	장곡사 풍경소리 · 118	
유준희	마음속에도 밤비가 · 122	
윤번웅	아름다운 인생 · 126	

4부 푸른마음으로 동행

이영순	안녕 안성팜랜드 · 134	
이영자	이발하는 가로수 · 140	
이정희	오묘한 달맞이꽃 · 144	
장봉진	내 삶의 반추 · 150	
최낙철	나침판·1 · 154	
홍중표	해바라기 戀歌 · 158	

푸른하늘과 희망 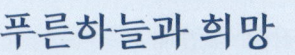 1부

북한산의 숲

나무숲에 기대니 바람 소리 시원하고
맑디맑은 차르르 차르르 계곡물 소리
새들처럼 자유롭게 살고 싶어서
무위자연의 산, 숲길을 소요하였지

북한산 둘레길을 손 맞잡고 걸었네
그게 현실과 꿈을 잇는 가교
푸름으로 최선을 다하는 일상
숲 향기에 감싸여 얼마나 안온하던지

봄빛 여름 향 넘쳐흐르는 그 품에서
가을 열정 겨울 은빛 그 평화로움에서
그 정념을 숲에 이는 바람은 알리라!

이은별

· 시인, 에세이스트
· 푸른문학사 대표
· 푸른문학신문 대표
· 「푸른문학」 발행 · 편집인
· 푸른문학회 회장
· 제 1시집 「백목련의 아침」
· 제 2시집 「지혜의 숲」
· 詩와 에세이 「배낭에 詩 한줌」
· 제 3시집 「내일은 푸른하늘」
· 제 4시집 「여명의 산책」
· 제 5시집 「꽃빛 스치는 바람」
· 詩와 에세이 「섬초롱꽃 사랑」
· 국제PEN문학상·공로상 수상
· 환경부장관상 표창
· 국제참예술인 대상 수상
· 사)한국문인협회 26대 이사
· 사)국제PEN한국본부 이사
· I·A·E·U 명예문학박사

독도의 아침

동해의 끝자락 천년의 독도
천혜의 한 점 바위섬은 수려하였네
여명의 빛이 하늘 아래 조화를 이루고
사철나무에 흑비둘기 날아드는 신화의 섬

독도를 보고자, 억겁의 숨결을 듣고자
희망의 바다 따라서 한숨에 예 왔구나
아, 파도의 율동 그 춤사위를 보아라!
쪽빛 너울에 의연한 푸른 언약 띄웠네

독도 바라보는 마음은 미소꽃 피었고
시원한 바람은 오롯이 심신을 달래주고
한창 좋은 무위자연 이 풍경 속을 소요하며
우리 함께 독도의 아침을 가슴에 품었네.

꽃빛 스치는 바람

초가을 돋을볕에 함초롬히 고개 내민
소담하고 순수한 코스모스 노란 꽃술
푸른 하늘 가득 은은하고 맑은 바람이여

새털구름 한가로운 아름다운 날
실개천 따라 산책길은 風雅롭고
감미로운 선율이 흐르는 꽃물결에
시나브로 가슴 열면 소중한 꿈 있느니

한들거리는 코스모스 송이송이
저 산들바람에 눈부신 꽃빛이여
여유로이 逍遙하니 유유자적한가

잠자리 날아와 포르르 너울거리면
이 정취를 우리 함께 심취하려니
세월은 한시도 쉬지 않고 흐르고
꽃빛 스치는 바람에 별유천지가 예 있네

이은별

밤따기

밤나무가 튼실하니
밤이 토실토실 열렸네
옛 추억에 노닐며
밤 따기는 즐거워라

나무에 오르지 말고
막대기를 하늘로 던져라
촘촘한 밤송이가
우두둑 떨어진다

봄날의 희망이여!
알알이 맺혀서
행복미소 안긴다

임 재 구

아호: 靑五, 시인, 수필가, 서울메트로환경 근무, 전)서울교통공사 근무, 「푸른문학」주간, 푸른문학신문 부대표, 푸른문학사 부대표, 「푸른시 100선」시선집 편집위원장, 국제PEN한국본부 문화정책위원회 위원, 한국문인협회 정책개발 위원, 암행어사 박문수 황금마패상 수상, 세계환경문학상 본상 수상, 한중문화예술문학상·국제영예상 수상, 국제문화 최고공헌장 수상, 저서: 「산문」 34권, 「시사랑」 45권, 「칭찬합시다」 5권, 공저: 「푸른시 100선」 시선집, I.A.E.U 명예문학박사

해태

사자를 닮은
세상의 감시자

정의를 지키고
진실을 알게 한 너

외로운 뿔 하나
불의를 감시한다

혼탁한 세상에
빛이 되고
어지러운 세상에
평화의 수호신

부릅뜬 두 눈에
정의가 숨 쉰다

해태여!
영원한 생명의
수호신이 되어 다오

백로 白露

아침저녁으로 부는 바람
선들선들 살갑구나

무더위 속에서
견뎌낸 인고의 훈장이
풀잎마다 알알이 맺혔네

영롱하게 빛나는
내 마음에 보석이여!

추수의 결실을 선물하는
대자연의 숨결이여라!

황금빛 물결 위에
농심이 찬란하게 빛난다

임재구 25

학문의 길

건물 사이를 걸어가다가
기운 나뭇가지
매달린 나뭇잎들과 눈을 맞춘다
자세히 보면 보인다
어느쪽에서 바람이 불어오는지
어디에서 소리가 들려오는지
나무는 바람에, 소리에
귀 기울이는지 피하려는지
어느 곳이 햇빛이 더 많이 내려오는지
잎을 먼저 떨어뜨리려는 가지는 어느 것인지
여전히 피어있는 들꽃은
나무 그림자를 피해
웃고 있는지
내가 이 길을 사랑하는지.

김 화 수

호: 書彬, 이화여대 및 동대학원 졸, 언어병리학박사, 대구대학교 교수, 시인, 수필가, 평론가 「푸른문학」 편집국장, 한국문인협회 회원, 국제PEN 문화정책위원회 위원, 시집 「나와 악수하기」, 「언어로 집짓기」, 「나로 존재하기」, 「언어장애와 의사소통장애」 등 7권 번역, 「푸른詩 100선」 편집위원, 푸른문학상 대상 수상, 허난설헌 문학상 수상

자기돌봄

어떤 모양으로 그려도
그와 같은 노을 속 구름은
언제나 있지
안으로부터 시작된 뻗음이
마음이 아니라도 좋았지
어떤 색으로든
어울리는 모양 역시 늘 있었네
가는 길의 가장 끝은 언제나 예술이었어
안이든 밖이든
다른 질료의 다른 향기 다른 촉감으로
안으로 다시 걸어 들어가네
씨앗이 잎이 되고 나무가 되었다가
다시 씨앗이 되듯.

시작의 순간

피어나는 꽃나무의 공기 속에서
꼭 봄이 아니어도 돼
새로 시작하는 날은
나뭇가지 끝 햇볕 많이 받은 철든 나뭇잎이
먼저 발그스레 변한 다음 날
들려오는 가을소리 시작, 좋지
구름이 천천히 흘러가는 오후
바람의 속도 만큼 느린 봄의 야금야금 시작도
선뜻 오는 겨울의 시작점도
아주 좋았잖아
이른 크리스마스 노래 들리는 늦가을은
봄이 온 줄 알고 꺼내 입은 얇은 옷처럼
춥지만 설레는 시작이지
초여름 푸른 저녁은
여름 내내 무섭게 더울 걸 알면서도
산책하는 찬란한 기쁨의 시작이었어
시작의 순간은 모든 시간마다 존재하지
새 잉크 넣은 만년필처럼
최상의 존재로 태어나
실존을 기록하는 영혼의 믿음직한 시작이네.

억새꽃 인연

억새 바람
신성리 갈대밭
인연의 바람길이었지

사잇길
새벽이슬은
색다른 추억이고 그리움이었어

언제부터인지
우리는 서산 노을에
아픈 가시가 있다는 것을

해 질 무렵
찻잔에 한 모금 눈물이듯
억새꽃 인연은 하얗다는 것을

강윤수

시인, 전북 김제 출생, 푸른문학 기획이사, 푸른문학회 전주 지부장
전) 군산상업고등학교, 부안여자상업고등학교, 군산여자상업고등학교, 전주상업고등학교
군산남고등학교, 전주상업정보고등학교 등 근무, 푸른시 100선 편집위원
제1시집 「바람, 나뭇잎 하나」,
제2시집 「바람, 풀잎 이슬 노래하다」 - 교보문고 현대시 베스트셀러 15위

길모퉁이

길모퉁이
마주 잡은 손
길 잃은 희미한 별빛들

멀어져만 가는
저 서산 구름은
당신일까요 나일까요

너와 나 맺힌 이슬
그리움을 놓을 수밖에 없었다

마주 본 허수아비
버리지 못하는 인연 때문에
길모퉁이 눈물인가 보오

가을이 시가 되어

내장산 가을이 시가 되어
그 사랑 그 이름을 불러요

내장산 곱게 물든 님이여
나는 어디로 가오리까

희미한 발자취
구멍 난 잎새마다
우리 모습이 흐려지면 어떡해요

우리는
한 줄의 추억마다
가을이 시가 되어
한 울음 이슬인가 보오

강윤수 33

푸른하늘 가득 신선하고 맑은 바람이여!

새털구름 한가로운 날 소중한 희망이여!

가을 채비

밤새 내린 빗방울
아쉬움 가득 서성이는 여름
밝고 선명하게 푸르름 풍성했던 자연
맑게 갠 높은 하늘은 가을 채비 알리며 열어놓는다
비가 온 줄도 모르는 깊은 잠결
빗소리에 새벽을 맞이한 상쾌한 아침
홀가분한 기분에 가벼운 몸 날아갈 듯 기쁘다

빗방울 소리는 어린 시절 자장가
어머님의 부드러운 목소리는
뽀얗게 새살 돋아나온 그리운 사랑의 손길
희미한 기억 생생하게 들려온다
가을의 소리 빗방울과 함께한 기다림
희망의 촉에 기대어 계절을 맞이하는 풍요로운 마음
옛 향기가 모락모락 엄마의 아침밥을 짓는 듯 구수하다

고 정 관

아호: 고하高下, 시인, 푸른문학 기획이사, 푸른시 100선 편집위원, 세종시 전의 태생, 우리나라 가스부문 난방 및 온수 생활문화 선구주자, 국내 최초 가정용 가스보일러 개발 맴버 및 KS 취득 (롯데 재직시), 롯데그룹 신격호 회장 우수사원상 수상, 롯데그룹내 롯데기공에 27년간 전부서 근무, 전) 주 태림개발 전무 근무, 현) 주 유엔미 대표이사, 공저:「푸른詩 100선」시선집

빛과 어두움

달빛 호수 잔잔한 물결 위 훤하게
환상적인 꽃을 조용히 피워 놓고
사랑을 주문하며 지속적으로 은은하게
세속의 갈등을 자유롭게 풀어놓는다

어두운 밤 달빛 머금은 물속
슬픔과 외로움을 달래어 숨소리까지
조용히 감정을 부드럽게 도닥인다

고요하고 몽환적인 분위기
천천히 흐르는 평온에
차분하게 마음을 의지한다

미지의 세계로 흐르는 인생
세월은 삶의 중심에서
자연과 동행하며
독특한 향기를 내는 사랑의 둥지

어둠에 아무것도 보이지 않을 때
작은 빛은 더 밝게 더 아름답게
안정과 안심으로 다가와
평화의 혜안을 마음에 선물 한다

풀숲 보석

새벽녘 이슬로 청결하게 단장하고
햇살을 기다리는
몽글몽글한 물방울

이슬 방울은 보석으로 셀 수 없도록
세상을 반짝 반짝이는 화려한 외출

별 볼일 없는 풀끝 생명력에서
서성이는 물방울은
이방인의 가슴을 흔든다

삶에서 남에게 행복을
느낄 수 있도록
얼마나 노력하고
감동을 주고 있냐고 질문을 한다

풀숲의 물방울 보석은
주렁주렁 화려하게 빛나며

가던 길을 멈추고
자신을 바라보게 한다

행복은 혼자가 아니라
나누며 함께했을 때
더 빛나고 뿌듯한 가슴을 열게 한다

또 만나고 싶은 것들

또 만나고 싶은 것들
또 또 봐도
자꾸 만나고 싶은
사람이 있다
잘 생기고 못생겨도
순수하고 사랑스런 사람
자꾸 같이 있고 싶은
사람이 있다
우리는 새 날처럼
새로 맞이하는 기분으로
계속 만나고 싶은
사람과 아름다운 것들
계속 만나고 싶다
또또또 만나도
그립고 그리운 사람들

권영엄

시인, 푸른문학 운영이사, 공주교육대학교 졸업 국어교육과, 석초문학 동인, 공주대 교육공학대학원 졸업, 초등학교 교사 28년 근무, 초등학교 교감 4년 6개월, 금산 남이초등학교장 근무, 공주 덕암초등학교장 근무, 공주 의당초등학교장 근무, 공주 금학초등학교장 근무, 수상: 교육과학기술부장관 표창
시집: 행복한 둥둥섬, 공저: 「푸른詩 100선」 시선집

자기 사랑이 만인을 사랑하는 일

내가 죽으면
세상도 우주도 없다는 것을
다 알면서도
자기를 사랑하지 않는 사람
진심으로 자기를 모르는 사람
자기를 가꾸지 않는 사람
어리석음의 극치

남에게 피해를 주지 않는
범위에서 세상 속에서
성숙해져 가는 길이야말로

진정 자기를 알며 사랑하고
모든 사람들 속의 일원으로
살아가는 에머랄드 빛 겸손

감사와 행복

세상에서
가장 행복한 사람은
말뿐만 아니라
진심으로 감사함을
아는 사람

주변의 모든 자연의
생김새와 하는 일
그리고 수시로 변하는 모습

인류가 창조해낸
지식과 지혜, 양심과 사랑
기술의 발달

온몸과 마음으로
감사하고 전율적으로
받아들이는 사람

흐르는 물처럼 유연하며

순수함을 간직하며
생기 넘치는 사람

이 세상을 가장
행복하게 사는 사랑
감사할 줄 아는 바로 그대!

낙엽을 정독하다

보편적인 진실이 외면당할 때 좌절합니다

혹, 당신은
당신의 계획 된 성공이 외면당할 때
좌절하지 마시길…

정신 바짝 차리면 좌절할 일이 없다고
오시는 가을이 말씀하십니다

제가 스스로 가을이 되려고 했더니
웬걸! 뭐 그리 심오한 가을…

익으면 됩디다
그저 가을은….

김경원

시인, 아호: 우제, 푸른문학 등단, 푸른문학 평생회원, 푸른시 100선 편집위원
국제PEN한국본부 회원, 푸른문학상 본상 수상
한중일 국제문화 교류전 참가, 국제문화예술 표창패 수상
시집: 별청소부, 수평선 뒤로 손을 넣다
공저:「푸른詩 100선」시선집

대물림

신은
이세상을 창조하고
자신의 모습대로
인간을 만들어서
지능과 감정을 줬는데
그 신이 만든 인간이
지능과 감정이 진화하여
신과 대립하며 신의 영역을
훼손 하기에 이르렀고
신은 자기가 만든 인간을
통제불능 상태가 된지 오래...
인간은
사이버 세상을 창조하고
자신의 모습대로
로봇을 만들기 시작했는데
머잖은 날에
인간이 만든 로봇이
지능과 감정이 진화하여
인간과 대립하며 인간의 영역을
훼손할 터
인간은 자기가 만든 로봇을
통제불능 상태를 맞을 터...

밥그릇

나는 시인이 아닙니다

안도현이 혀를 찬
걷어 채인 뭇 연탄이 죽은 뼈에 조문도 못 가고

정호승이 개밥그릇을 핥다가
허기져서 이사한 별 하나에 셋방도 못 구하고

김용택이 피운 일상의 꽃들이
지저귀는 옹알이도 못 알아듣고

생텍쥐페리가 어린 왕자를 낳고
그 자식의 뒤를 따라간 길도 못 닦고

나는 그저 잘 먹고 잘 살 궁리로
이미 배부른 돼지입니다

신이시여!
사악한 나를 용서하소서!

당신을 흉내 내는 나는
사람의 형상을 쓴 귀신입니다

오직 주린 배로만 나를 채우는
여기와 저기…

그 시간의 틈새에 낀
배고픈 동물입니다

오직 삶의 스승인
바람이 가득한 밥그릇을 핥는….

태종대의 가을

바람은 파도와 친구하고
갈매기는 흰 꿈을 꾼다

뭉게구름 흘러가는 가을
햇살에 반짝이는 물결 위로
나의 마음도 조용히 흔들린다

멀리서 들려오는 뱃고동 소리
그 울림 속에 스며드는 그리움
푸른 바다는 언제나
떠남과 기다림을 함께 품는다.

김금분

시인, 전북 무주 출생, 푸른문학 시 등단, 푸른문학 운영이사
영호남문학회 회원, 전)간호과에서 근무
공저: 「푸른詩 100선」 시선집

자연은 친구

한 번 또 한 번 주름은 쌓여가지만
자연을 벗 삼아 인생에 힘이 된다

황토 빛깔 물들은 대지 위에
예쁜 씨앗을 정성 들여 뿌려서
화사한 꽃 피고, 열매 맺음에
터질 것만 같은
무르익음에 몸부림친다

산기슭에 피톤치드 가득하고
다람쥐와 친구하며 홀로 걷는 길
평화와 자유와 낭만이 흐르네!
나의 유일한 기쁨이고 행복이어라!

신비한 바다

생각은 생각할수록
깊은 청옥빛 바닷물과 같다
평온하고 자유로운 모습으로
시야를 즐겁게 해 준다

온몸을 담그고
파아란 바닷물 속을 들어갈수록
알 수 없는 신비체를 발견하게 된다
보잘것없는 것에
눈을 다시 뜨고 돌려보면
현실이 아니라는 것이 보인다

파도가 철썩철썩 출렁이지만
깊은 물속에 자리 잡은 물길은
변함없이 잔잔하기만 한 것을!
살아가는 지금은 마치
깊은 물길을 헤엄치는
한 마리 물고기와 같음을…

김금분 51

봄 아지랑이 노래하는 봄바다의 시풍이여!

여름 꽃나비 춤추는 여름날의 시어여!

푸른산에서 시 한수 ••• 2부

꿈에 항구

연륙교 지나서 찾아오신 님아
설렌 가슴 달래며 거울을 본다
주도는 푸른 물결 위에 홀로 떠있고
구계등 저 멀리 부서지는 파도야

옥빛 바다 청산도의 봄은 유채꽃 물결
수줍은 동백꽃처럼 피어난 사랑
그 향기 저만치 두고 갈 사람아
그립던 그 사람 떠나기 전에 뱃고동 아쉽다

만선에 꿈을 싣고 떠났던 배
항구에 완도항 항구에 갈매기 날고
해가 솟는다 여기에 희망이 있다
너에 꿈을 펼쳐라!

김승

시인, 완도산 군외동초등학교, 완도중학교, 조선대학교 부속고등학교 졸업
푸른문학 등단, 푸른문학회 평생회원, 「푸른詩 100선」 편집위원
푸른문학상 작가상 수상
저서: 「옛날에 대통령님께」, 공저: 「푸른詩 100선」 시선집 1~10호

아우성

무엇이 우리를 하나되게 하는가
관계없이 열광케 하는가
우러러 보니 희망이 있구나
걸음이 멈춘 곳에서
밭을 일구고 씨앗을 뿌려라

뭉게구름 사이로 눈부신 빛
황혼의 꿈
잠시 명상에 잠겨 보자
어디서 나타나 나를 일으키는지
의문의 공간에
나팔 나팔
땅 속에서 솟은 나팔꽃 나팔 소리에
초목이 춤을 춘다
여기에다 새 소리 바람 소리까지
하나되어 산다

채송화

깨알보다 작고 검은 씨앗이
촉촉한 대지를 뚫고
빨갛게 쫑긋쫑긋 솟더니
따박하게 자라
치마폭 여미며
강강수월래

칠팔월의 하늘은 맑았다
거기에는 잎의 후덕함이
오늘을 살게 했음에
남달리 내어준 허공

떨리는 입술처럼
연약한 꽃잎에
무엇이 쉽게 앉을 수 있을까
바람도 휘어 간다
수줍어 한다는 게
자물쇠 버렸어
이슬에 젖었던 빨간꽃

별도 숨었던 노란꽃
내일이면 또 깨어나리!

후회

사노라면
모든 것이
늘 생활이 선택의 연속이다

'했어야 했어'를 연발하며
그 순간
선택의 결정을 하지 못함에
후회를 한다

다시는 그러지 말자며
다짐도 하지만
지나고 나면
또
반복되는 후회를 되풀이하고 있다
어찌할거나?!

김영희

시인, 수필가, 경기 수원 거주, 현)서수원 요양병원 재직, 「푸른문학」 평생회원
국제PEN한국본부 회원, 허난설헌 문학상 본상 수상
한중일 국제문화 교류전 참가, 국제문화예술 표창패 수상
공저: 「푸른詩 100선」 시선집 1~6, 10호

약속

많은 사람들은
약속을 한다
크고 작게

때에 따라
구두로, 전화로
문자로, 카톡으로 등등
쉽게들 한다

'언제 한 번 만나자' 라고
그냥 지나치는 말에 불과한
책임도 없는 그냥 말이다

약속은 아무리 작아도
지킴에 의미가 있거늘
그야말로 그냥 말 헛소리다
허무만을 남기는!

건강

아무리 강조해도
넘침이 없는 두 글자!
모두가 염원하고
지키려 노력한다
그래도
어느 순간 찾아드는 질병

어느 때보다
문명과 과학 의술의 발달인
첨단 시대여도
여전히 밝혀지지 않는
희귀 불치병도 있다

주어진 환경과 노력이
개개인의 맞춤에 끝없이 요구되네
사는 동안 아픔없이
998834는 지키도록
최선의 노력을 하자
모두 함께!

김영희 63

홍어삼합, 그리고 김선생!

　집에서 TV를 보는데 인기 만화가 허영만 화백이 진행하는 백반기행이 방송되고 있었다. 화면 속 홍어삼합이 내 눈길을 사로잡았고, 문득 30여 년 전 그날의 일이 생생하게 떠올랐다.

　나는 그때 첫 번째 사업이 완전히 망해서 폐업 절차를 밟고 있었다. 아내가 참다못해 한마디 했다. "어디 가서 돈 좀 빌려와 봐요. 애 우유 살 돈도 없단 말이예요." 나는 직장을 다니다 사업을 시작했는데, 자본과 경험 부족으로 몇 년을 못 버티고 사업을 접어야 했다. 사업을 아내와 한마디 상의 없이 시작했을 때도 아내는 화를 내지 않

김한결

수필가
푸른문학 수필 등단
푸른문학 운영이사
공저:「푸른詩 100선」, 시·수필선집 10호

앉고, 웬만한 일에는 감정표현을 잘 안하는 사람이었지만, 더 이상 참지 못하고 처음으로 내게 화를 낸 것이다. 사업이 망해 돈 한 푼 없는데도 대책 없이 손 놓고 있는 내가 무척이나 답답했던 모양이다.

아내의 성화에 못 이겨 집을 나서긴 했지만, 누구한테 찾아가 돈 이야기를 해야 하나 눈앞이 캄캄했다. 마치 늦가을 이리저리 나뒹구는 낙엽처럼 수척해져가는 마음 가눌 길이 없었다. 그때 문득 떠오른 얼굴, 수원 사는 김선생이었다. 김선생은 시골에서 같은 동네 살던 죽마고우다. "오랜만에 소주나 한잔 하자"는 전화를 하고 무작정 수원 가는 전철에 올랐다. 그 당시 양천구 신정동에 살고 있었는데 사당역에 와서 좌석버스로 갈아타고, 수원 영통으로 와 전화하라는 그 친구의 말대로 영통에 내려 전화를 걸었다.

그 친구는 내가 차에서 내려 전화를 걸자마자, 기다렸다는 듯 건너편에서 손을 흔들며 그곳으로 오라고 했다. 그 친구는 내게 홍어삼합 먹어 봤냐고 물었다. 그게 뭐냐고 되묻자 너무나 맛있는 거니까 한번 먹어 보라며 근처 식당으로 안내했다. 그 친구는 이미 여러 번 먹어 본 사람처럼 익숙하게 주문을 했고, 잠시 후 주문한 음식이 상위에

하나 둘씩 놓여 지는데, 말로 표현할 수 없는 고약한 냄새가 주변에 진동을 했다. 도저히 못 먹겠다는 나에게 그 친구는, 자기도 처음엔 그랬는데 한번 먹어보면 생각이 바뀔 거라며, 거듭 한 번만 먹어 볼 것을 권유했다.

　나는 그 친구의 권유를 계속해서 거절만 하는 것은 예의가 아니라 생각되어 용기를 내어 홍어 한 점을 집어 들었다. 코를 찌르는 강렬한 냄새에 숨을 들이쉬기조차 힘이 들었다. 하지만 그 친구는 묵은지와 돼지고기를 함께 올려주며 "이렇게 먹는 거야" 하고 시범을 보여주었다. 눈 딱 감고 삼합을 입에 넣는 순간, 예상치 못한 일이 벌어졌다. 톡 쏘는 홍어의 알싸함과 묵은지의 시큼함, 그리고 돼지고기의 고소함이 기묘하게 어우러지며, 방금 전까지 나를 질겁하게 만들었던 고약한 냄새는 온데간데없이 사라지고 없었다. 오히려 입 안 가득 감칠맛이 돌며 묘한 중독성이 느껴졌다.

　어색하게 홍어삼합을 몇 점 먹었을까. 씁쓸한 술잔을 기울이면서도 차마 돈 얘기는 꺼낼 수 없었다. 목구멍까지 차오른 말들이 맴돌기만 할 뿐이었다. 그 친구는 그런 나를 지그시 바라보더니, 아무 말 없이 소주잔을 채워주었다. 술잔이 비워지고 다시 채워지는 몇 차례 동안 말을 못하다, 결국 용기를 내어 입을 열었다.
 "김 선생... 내가 정말 염치없지만... 지금 당장 아이 우유 살 돈도 없어. 정말 미안한데, 혹시 돈 좀 빌려줄 수 있을까?" 말을 마치자마자 얼굴은 화끈거리고 고개를 들 수 없었다. 하지만 김 선생은 잠시 침묵하더니, 지갑에서 돈 뭉치를 꺼내 내게 건넸다. 액수를 확인하기도 전에 일단 잡히는 대로 돈을 받아들었고, 고개를 숙인 채 "고맙다"는 말만 겨우 내뱉었다. 김 선생은 "별말을 다 하네. 친구 사이에 뭘 그리 어려워해. 모든 게 잘 해결될 거야"라고 덤덤하게 말해주었다.

 그날 밤, 나는 홍어의 톡 쏘는 맛과 함께 밀려드는 복잡한 감정을 안고 집으로 돌아왔다. 그리고 다음 날 아내의 손에 아이 우유 값을 쥐어줄 수 있었다. 30여 년이 지난 지금도 홍어삼합을 볼 때마다, 어려웠던 시절 나를 묵묵히 지지해 주고 아무 조건 없이 손을 내밀어주었던 친구의 따뜻한 마음이 떠오른다. 그날의 홍어삼합은 내게 단순한 음식이 아니었다. 절망 속에서 다시 일어설 힘을 주었던 희망의 맛으로 가슴 속에 남아있다.
 김 선생은 내게 단순히 돈만 빌려준 것이 아니었다. 그는 나의 자존심이 꺾이지 않도록 배려했고, 내가 다시 일어설 수 있다는 믿음을 주었다. 그날의 일은 내 인생의 가장 어두운 터널에서 만난 한 줄기 빛이었다. 나는 그의 깊은 배려와 변치 않는 우정에 늘 감사하며 살아간다. 그를 생각하면 여전히 가슴 한편이 아릿하고 진한 그리움이 거듭 밀려온다.

30여 년이 지난 지금도 우리는 여전히 친구다. 가끔 전화로 안부를 묻고, 사는 이야기도 나눈다. 하지만 그날의 일은 우리 사이에 굳이 꺼내지 않는 약속 같은 것이 되었다. 그는 여전히 묵묵히 내 이야기를 들어주고, 나는 그에게 여전히 고맙다는 말보다 더 큰 마음을 느낀다. 언젠가 다시 함께 홍어삼합을 앞에 두고 앉아 그 시절의 씁쓸하고도 알싸했던 맛을 추억할 날이 오기를, 나는 조용히 바라고 있다. 이제는 내가 갚을 차례라고, 나는 마음속으로 되뇐다.

김한결 69

내연산 산행
- 경북 포항

햇살이 숲을 부드럽게 덮으면
내연산의 계곡은 맑은 노래를 부른다.

쏟아지는 하얀 폭포는
시원한 바람과 물안개를 흩뿌리고
그 물길을 따라 풀잎과 나무들이
더 깊은 초록으로 채색된다.

발걸음을 멈추면,
새소리와 물소리가 서로 겹쳐
한 편의 연주곡이 된다.

시간마저 고개를 숙이고
내연산의 품 안에서
세상은 한 폭의 그림이 된다.

남점식

시인, 푸른문학 회원, 서울경찰청과 서울시내 경찰서 근무, 옥조근정훈장 수상
화양파출소 소장 등 동일직종 다수 역임, 행정사 자격증 보유
학교폭력 예방교육사 자격증 보유, 소방 안전관리자 자격증 보유
국시원 시험 감독관(현), TOEIC시험 감독관(현)
공저:「푸른詩 100선」시선집 8, 9, 10호

월악산 산행
- 충북 제천

달빛이 고운 이마를 어루만지고
구름이 치맛자락처럼
봉우리를 감싸는 산.

천년의 숨을 고이 간직하고
그 위에 바람이 꽃처럼 피어오른다.

바위마다 얽혀있는 전설과
계곡마다 맑은 물소리 노래하는 곳.

그 품에 안기면 세상의 시름이
한 줌 바람처럼 흩어진다.

강과 산과 하늘이
한 폭의 그림자처럼 겹쳐지고

월악산!
그 이름 속에 달과 나
모두가 고요히 머문다.

가리왕산 산행
- 강원 정선

초입부터 계곡을 흐르는 청명한 물소리
바위틈 작지만 하얀 물보라가
발걸음을 붙잡는다.

이끼 낀 바위, 바람에 흔들리는 잎새들
나뭇가지 사이로 비치는 부드러운 햇살
숲이 지닌 생명력과 맑음이 녹아 있다.

폭염에도 노거수 주목과 이끼 바위 위에
시원하게 잠든 계절하나
천년의 숨결을 묵묵히 품은 채
세월을 굽어보고 있는 가리왕산.

돌길과 뿌리 사이를 지나며
힘든 산행이었지만
그 어떤 말보다 오래 남는것은
숲의 시원한 공기와 침묵이었다.

푸른바다 파도의 율동 춤사위를 보아라!

우리 함께 무위자연에서 행복이 피어라!

옥상 빨래와 어깨를 겯다

잠깐 졸고 있는 여름이
기지개를 다시 켜고
널어놓은 빨래에 찾아오는 손님
수시로 다시 오니

지인에게 말을 했다
"섹시하게 젖고 있다"라고
그 발상 참 웃긴다고 한다

하루살이 노숙에 지쳤다 탓하며
낙수 떨어지는 소리가
까닭모를 불안과 번뇌를 잠재워버렸다

류 재 엽

시인, 아동문학가, 「푸른문학」 편집이사, 「푸른문학」 평생회원, 「푸른문학」 문화국장
한국문인협회 마포지부 사무국장(역), 푸른문학상 대상 수상
한중일 국제문화 교류전 참가, 국제문화예술 표창패 수상
시집: 볼테르의 꽈배기, 공저: 「푸른詩 100선」 시선집 8, 9호

골치 아픈 어느 여사의 속에 들어가
오후쯤의 공간을 넘나든다

나도 모르는 사이 또 몸이 아파진다
침입하는 장마를 탐지할 수 없지만
나이테에 감기는 이 촉촉함

모든 인생이 어찌 뽀송 뽀송한 날만 있을까

빗줄기 낚싯줄에 여름을 걸어놓고
젖어 가는 여름과 함께
"로댕" 생각하는 파열음 말리어 간다

류재엽

케이블카 날다

원고지 창틀에 앉아
길을 물어 갑니다
질문이 자라납니다

밟고 지나가는 땅 위에
차고 올라오는 위를 올려다 봅니다
삶이 하나임을 일깨워

중간에 서있는 우리들
자전과 공전을 체험한 덕에
들었다 놓았다 하는 지척이 내안에 있어

갑자기 다가올 착지가 두려워
허기진 구름들에게
생명이 생명을 향해 물었다

거기 누구 있나요
거기 누구 사나요

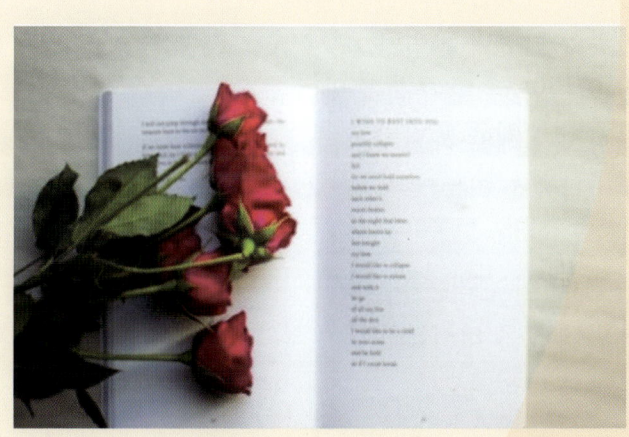

류재엽

누구를 탓하리오

오라 오라 하니 안 오고
오지 마라 오지 마라 하니 오는구나

농민들 땀방울로 소금 만들고
편안할 만하니 날벼락
잘 익은 누런 벼 추석을 맞아
조상 맞이해야 하는데
논바닥에 드러눕는구나

쉴 새 없이 내리는 비
농민들 눈을 적시네
누구를 탓하리오!

문 각

文覺, 시인
푸른문학 등단, 푸른문학 평생회원, 푸른시 100선 편집위원
강원도 양양군 정족사 주지
공저:「푸른詩 100선」 시선집 9~10호

삶

아름다워라 아름다워라!

푸른 파도 해변에 냅다 때리니
흰 거품 피어오르고
손으로 흰 거품 한 줌 쥐니
그 거품 사라지고
짠 내 나는 거친 물기만
손을 적시는구나

내 삶 또한 푸른 바다와 같고
내 마음 또한 흰 거품 같구나

왔다 사라지고 왔다 사라지고
해변에 모래만 적시니
윤회의 고리는
언제쯤 끊어지려는지!

더불어 살아보세

생명이 끊어진 외로운 소나무여
누구를 의지하리

능소화 줄기 줄기 휘어 감아 오르리
삐쩍 말라비틀어진 소나무에
푸르름 가득 잎으로 채우고
하늘 위로 꽃을 피우는구나

정족사 부처님
앉은 곳에서 바라보니
이른 아침 태양은
능소화 위에 걸터 있고
너와 나 서로 의지 화합
같이 사는 법을 가르쳐 주네

"관세음보살"
"보병수 진언"
깨우침
더불어 살아 보자!

더불어 살아보자!
"옴 아례 삼만염 사바하"

봄의 태동

계곡 속의 얼음 물은 똑똑똑
소리 내어 흘러내리네
경칩은 개구리눈 떠지는 날
개골 개골 개골
산야를 진동시키네
산수유, 개나리, 진달래꽃
노란, 빨강, 푸른 하늘
아름다운 강산으로 변신
들에 가면 종달새
산에 가면 각종 철새
푸른 바다 갈매기
모두는 생명의
날개를 드높이고
불태우기도 바쁘다네!

박 홍 기

아호: 靑春, 푸른문학 등단, 푸른문학 기획이사, 태백기계공고 기계과 졸업, 한국방송통신대학교 농학과 졸업, 삼척산업대학교 정밀 기계공학과 졸업, 인천대학교 석사 졸업 기계교육 전공, 부총리겸 교육인적자원부 장관 표창장 수상, 산업자원부장관상 수상(4회), 대통령 황조근정 훈장 수상, 강원도교육감상 수상(9회), 한국교원단체총연합회 교육공로상 표창장 수상, 매월당 문학상 본상 수상, 허균문학상 본상 수상, 시집: 청춘은 구만리, 공저: 「푸른詩 100선」 시선집

갈산재 한옥펜션

푸른 하늘 아래 푸른 숲을 마주한
역사와 전통이 살아 숨 쉬는
서산 갈산재 전통 한옥펜션!

형님 초대에 참여하여
중후하신 모습도 뵙고
지신도 밟고 흥겨운 어울림의 시간에
한바탕 분위기에 젖으려 했는데
초가을에 상상으로 바람따라 가본다

동문님들과 화기애애하게
니나노~오 늴리리야
니나노 오오~ 오오~

아! 기다리고 기다려서
참여할려고 고대하였건만
함께 동참하지 못하여
아쉬움이 많이 남아요
다음 기회에 갈산재에 가기로 하고
오늘도 그리움으로 울려 퍼지네!

푸른문학 한마음의 로고여!

푸른문학사 푸른문학
푸른문학신문에서 사용하는
우리들이 사랑하는 로고
푸른하늘 푸른산 푸른바다 푸른마음!
푸른생각 푸른행복 푸른사랑이어라!

와! 와! 와! ~~와!
한국의 으뜸 오 디자이너 님의
혼과 기운과 지성미 받아서
이은별 대표님의
사랑 속에 탄생하신
우리 푸른문학인의 로고!
정말 빛나고 아름다워요!

가슴과 마음은 푸른책 속으로
푸른 물결이 푸르게 푸르게
넘쳐 흐르고 흐르네
푸른문학이 신성시 하는 로고는
프라이드 자부심이랍니다!

이천이십오년 삼월 새 희망찬 봄에
속초 써밋베이 펜션에서
동해의 오메가 해맞이를 하면서
푸른문학 로고여!
영원히 찬란하여라!

할미꽃

다소곳이 고개 숙인
보랏빛 고운 자태에
공연히 나도 따라 겸손해지네

삶이 짧은데
대단할 일도 아닌데
고개 치켜들어 무엇하겠는가!

도란도란 모여 둥글게 살다
뽀얀 흰 털 머리 날 때까지 마음 숙이고
삶을 충성되이 살다 가만히 가는
겸손의 상징!.

배 문 옥

시인, 아호: 淸閤, K.N.O.U. 국어국문학과 졸업, 푸른문학 편집이사
국제PEN한국본부회원, 푸른문학상 대상 수상, 매월당 문학상 본상 수상
허난설헌 문학상 본상 수상, 시집: 「엄마의 봄」
공저: 「푸른詩 100선」 시선집

사람

20층 아파트에서 땅을 내려다보니
땅 위를 걷는 사람이 손톱만큼 작다

이렇게 작은 존재들이 어울려 사는
삶이 갑자기 허무해 보여
내려놓게 되는 욕심

하루 해가 빛나고
지나는 바람이 얼마나 감사한지!

오늘이 흘러간다
다시 맞을 내일은 또 다른 오늘로
사람을 무덤으로 떠나보내고
요람으로 맞이하고.

배문옥

비닐우산

투명한 비닐우산 속에서 맑음을 본다
다양한 우산 중 손에 잡은 귀함
걸음 사이로 비치는 풍경들이 환하다

가을길 감이 익어가는 설렘
빗방울 사이로 비친 사연들
아이들의 걸음도 재미지게 사뿐하다

삶이 여러 색으로 가려졌어도
투명한 우산 위로 하늘이 보이듯
마음도 그러하길 하늘에 기댄다.

한층 더 깨끗해진 내일을 꿈꾸며!

배문옥

가을 붉은 연정 타오르는

푸른 정념情念의 문향이여!

푸른바다에서 행복 ••• 3부

편지

이랬다저랬다
더듬어 수놓은 마음들

낱낱이 분량 마음
춤추듯 뛴 줄 엮어

갈 길을 엮어엮어
주렁주렁 이어 이어

백지에 박힌 이런저런
낱낱이 편지라네

송 치 삼

시인, 푸른문학 등단
경남과학기술대학교 대학원 졸업, 명문기공(주) 대표
푸른문학 운영이사
공저: 「푸른詩 100선」 시선집

현충일

잔잔한 비목 음악소리에
가슴을 파고 가슴에 묻고
엄숙한 묘비 앞 미망인
훌쩍훌쩍 억누르고
묵묵히 생각에 잠기네

가신 님 그리워 눈시울 적시네
때로는 바빠 아픔 따위 잊고 견딘
칠십 년이 지난 6월
고귀한 한반도 곳곳에
귀중한 흙이 되었네

순국영령이시여
이 나라를 도우소서
40만 호국영령이시여
오늘은 6월 6일 현충일
편안히 영면하소서!

가을바다

높은 파도가 춤추는
차가운 가을 바다

모든 것을 잃고 얻고
왔다갔다하는 속마음
물고기는 무엇을 먹을까?
내 볼에 끼여있는 욕심만 먹어봐

바다야, 씻어라!
온몸의 욕심들
이리 뛰고 춤추는 푸른 바다여!

그대에게

가을이 오면
가장 먼저 생각나는 사람
바로 그대입니다
만남과 사랑
그리고 아름다운 추억들이
물밀듯이 떠오릅니다
황금빛 노을을
유난히도 좋아하던
나의 사랑 그대여
청잣빛 맑은 하늘처럼
백설같이 하얀 구름처럼
때론 불타는 태양처럼
사랑은 조금씩 변화한다는 걸
이제서야 알아가는 나 자신이
미안하고 부끄럽습니다

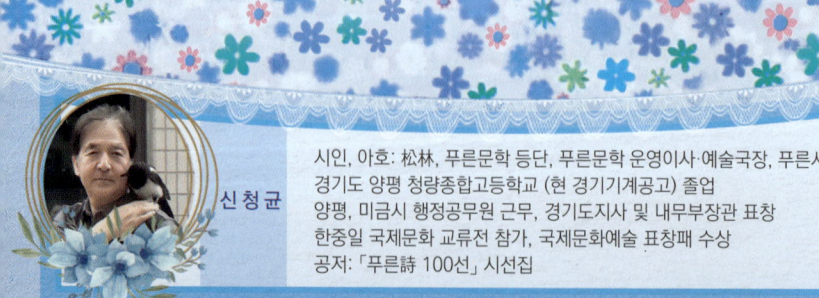

신청균

시인, 아호: 松林, 푸른문학 등단, 푸른문학 운영이사·예술국장, 푸른시 100선 편집위원
경기도 양평 청량종합고등학교 (현 경기기계공고) 졸업
양평, 미금시 행정공무원 근무, 경기도지사 및 내무부장관 표창
한중일 국제문화 교류전 참가, 국제문화예술 표창패 수상
공저: 「푸른詩 100선」 시선집

오작교의 참사랑
－ 칠월 칠석날에

하늘이 활짝 열리고
사랑의 다리 하나 놓였습니다
까막까치 머리 맞대어
아름답게 이어놓은 오작교

일 년의 긴 기다림 끝에
천년의 사랑을 잊지 못하고
칠석날이면 꿈에 그리던
사랑님을 만나는 곳 오작교

일 년 삼백육십오일 중에
고작 하루의 짧은 만남을 위해
얼마나 많은 밤을
지새우며 애태웠을까요

넓디넓은 푸른 하늘 바다
오작교 위에서 이루어지는
견우와 직녀의 참 사랑이
가슴 시리도록 눈물겹습니다

가을 영상

파아란 하늘에
두둥실 하얀 꽃구름
푸르던 산과 들엔
무지갯빛 찬란한 단풍잎

졸졸졸 흐르는 계곡 물소리
귓전에 맴도는데
매암매암 목 터져라 울어대던
매미소리 그치고

앞마당 화단에 울긋불긋
활짝 핀 코스모스 머리 위로
빨간 고추잠자리 날개를 편다

저만치 여름 언덕 너머에
숨어있던 가을이
어느샌가 살며시 다가와
환한 미소를 짓는다

황금들녘 사이로 농부들의

풍년가 울려 퍼지면
국화꽃 만발한 마을 어귀에는
화려한 가을 축제가 펼쳐진다

낮달

어디서부터 어긋난 걸까
빛의 미련은
지평선을 넘지 못하고
어둠은 조용히 기다린다

시간이 만든 균열로
빛은 하늘에 퍼지고

그제야 모습을 드러낸 별들은
가만히 나를 바라보았다

신현준

시인, 회사원, 푸른문학 회원
공저: 「푸른詩 100선」 시선집

혼란

낯선 하늘이 쏟아지며
달에게서 별이 보였다

빈 방은 평온함이 싫어
저 세계로 간다고 했다

거짓된 전달자는
그들의 피를 삼켰고

그림자는
신발이 되었다

텅 빈 내 껍데기는
천천히 웃고 있었다

파도는 웨딩드레스

북단의 어느 곳
파도에 밀려오는 웨딩드레스에
하얀 도둑고양이가 감탄한다

숨겨져 있던 액자 속의 벽은
고양이의 심장을 물어뜯었고

고양이의 발톱은 나를 할퀸다

그 발톱은
해변의 웨딩드레스에 걸려 멈추고
너와의 벽은 파도 속에 삼켜진다

파도에 흘러간 벽을 향한
피 묻은 그 발톱은 끝내 나를 찌르고

비처럼 내리는 나의 눈물은
날카로운 발톱을 조금씩 무디게 한다

나의 눈물은
하얀 고양이의 발끝에
천천히 감긴다

푸른마음으로 환희의 함박꽃 웃음 한아름 이기를!

최고선의 시와 수필의 세계는 사랑과 동행이기를!

덕천서원 배롱나무

가지끝 분홍빛 여린 꽃송이
가을 햇살에 나른히 졸고 있다

껍질 없는 나무줄기
겉과 속이 같은 정직함의 표상
곧은 선비 정신이라 칭송 받았지

유생들의 글 읽는 소리
온마음 온몸으로 새기며
묵묵히 견뎌온 오백년 세월

하얗게 드러난 맨살 위로
무수한 개미떼 오르내린다

안청자

시인, 수필가, 문학평론가, 푸른문학 등단, 푸른문학 평생회원, 푸른시 100선 편집위원, 경남 함안 출생, 국제지역학 박사(부경대학교), 한국방송통신대학교(영어영문학/국어국문학과), 영산대학교(인문문화융합학과), 마산여자중·고등학교, 부산광역시청 정년퇴임, 녹조근정훈장(대통령), 제21회 공무원연금문학상(수필), 제46회 방송대 문학상(수필), 허난설헌문학상본상(시), 푸른문학작가상(시), 제10회 국제참예술인대상(수필), 시집 : 「꽃들에 묻는다」, 공저 : 「푸른詩 100선」,시선집 7-10호

고추잠자리

다가오는가 싶다가도
다시 멀어진 나의 옛사랑

망설이며 애태우다
온몸 붉게 물들어버렸네

아버지 자전거 뒤에 타고
노을진 가을 들길 달릴 때
내뒤를 맴돌며 따라왔었지

다가올 듯 다가올 듯
날아가버린 내 어린시절
빠알간 고추잠자리

저기 단풍잎 하나

청옥빛 하늘 울울鬱鬱한 단풍나무
투명한 햇살에 곱게 물들어가네

초록의 시간은 아득히 멀어지고
황혼의 시간은 하 짧기만 하여라

소란스레 우짖던 산새 소리 그치고
적막한 숲을 스치는 한줄기 미풍에

새빨간 단풍잎 하나 팔랑거리며
지친 내 어깨 위로 살포시 내려앉네

안청자 117

장곡사 풍경소리

칠갑산 줄기 따라
오르고 또 올라 보니
사르르 지나가는 동풍이
이마에 알알이 맺힌 땀방울을
시원하게 씻어주는구나
빙 돌아 멀리를 내다보니
확 터진 대자연의 풍경이
솔솔 들어오는 눈풍경일세
굽이굽이 이어진 산길 따라
둥글둥글 내려가다 보니
장곡사 풍경소리가
답답했던 앙가슴을
풍선이 실바람 빠지듯이
가을바람과 함께
마음속으로 느껴오노라.

유병열

시인, 충남 청양 출생, 한국문화재 등록 - 대목수 1661호 보유, 푸른문학 등단
푸른문학회 운영이사, 푸른시 100선 편집위원, 푸른문학상 작가상 수상
시집: 칠갑산에서 하매 길까지, 공저:「푸른詩 100선」시선집

산새 우는 칠갑마루

산새 우는 칠갑마루에
깊어가는 한겨울이
온몸으로 파고드는데
어린 자식 한양 보내고
혼자 남은 늙은 아비
저녁마다 울어주던 부엉이도
오늘 밤엔 울어주지 않는구나

잠 못 드는 늙은 아비
새벽바람 파고들어
문풍지를 때리는구나
밤이나 낮이나 한양 보낸
어린 자식 걱정 때문에
근심 걱정 떠날 날이 없구나

모두가 떠난 산하에
산새야 너만은
떠나지 말고 아름다운
산하를 지켜주려무나.

무네이 정자나무

지난 세월만큼이나 오래된
무네이 정자나무도
삼복더위가 시작되면
어실렁 달밤 밤하늘에는
별빛이 반짝이고
정자나무 가지에서 우는
서쪽새는 무엇이 슬퍼서
애간장을 녹이는 목소리로
그렇게 울었던가

그러나 어느날부터 인가
깜깜한 어둠만이
세상을 가리운채 적막감만
물 흐르듯 흐르고 있어라

서쪽새라는 밤새는
솔 적다 새로 불리기도 하는
서쪽새 울음소리는
들리지 않고 무한천 따라
흘러가는 물소리만
슬프게 들릴 뿐이어라.

마음속에도 밤비가

가을밤 주룩주룩 비가 내린다
낙숫물 소리 밤을 깨우고
갈 벌레 소리도 멈추었다
길섶 친구들은 어디에서
이 비를 피하고 있을까?
빗소리에 잠 못 드는 밤
내 맘속에도 비가 내리고
빗물은 가슴에 차오른다
아팠던 지난 일들이
빗소리보다 더 크게
쿵쿵 가슴을 때린다
잊어야지 하면
더 선명해지는 지난 일 들
잦아들 줄 모르는 밤비 속에
끊이지 않는 생각 생각들이다.

시인, 청아(淸娥), 충남 천안 출생, 푸른문학 등단, 푸른문학 회원
(전) 아산병원 근무, (현) 시니어 강사
시집: [오늘] 1, 2, 3집, 공저 : 「푸른詩 100선」 시선집

서해 가

추억이 숨 쉬는 곳
마린 타워 전망 좋은 집
서해를 바라보며
바다 이야기를 하고
커피를 마시던 곳
추억이 있는 이곳에
와있어도 그리운 곳이다

바다 저 멀리서 밀려와
거친 숨을 토해 내듯
쏴 철석 부서진다
부서지는 파도는
머릿속 생각을 지우듯이
물거품으로 흩어져버리고

또다시 밀려왔다 부서지는
쌓을 수 없는 성이 된다
보고 있는 서해는
그렇게 오늘을 지켜가는
바다와 파도가 되었다.

감사하자

날마다 웃는 여인
웃을 수 있을 때 웃자
베풀 수 있을 때 베풀자

어느새 배어나 있는 표정
어떻게 말할 것인가
눈가 서너 줄의 주름이
여인이 살아온 세월을 말해준다
예쁜 미소의 흔적이다

남들은 모르는 그의 삶
어찌 좋은 날만 있었으랴
상처의 날이 더 많았던 날들
우울증에 불면증 신경과
도움 없이는 살 수 없었던 날들

그럼에도 그는 웃는다
남모르게 울지라도
미소가 만들어준
평안한 모습으로
보일 수 있는 오늘

아직도 연장선에 있는
힘든 삶이지만
그래도 웃음을 잃지 않고
친절한 오늘을 살려 한다
살아온 날보다
살아갈 날이 적을 테니까!

아름다운 인생

활기찬 열정을 안고서
마음문 활짝 열어 놓으니
편안한 마음속에서는
즐거움이 한껏 찾아오네
어제는 지나간 날이고
오늘은 새롭게 시작하는 날
내일은 꿈과 희망을 만나서
가득 안고 가는 행복한 인생길
혼자서 가는 길에서는
그리움이 가득 쌓이고
둘이서 가는 길 만들면
예쁜 사랑이 춤을 추겠지
무거운 짐 벗어 놓고서
자연으로 가는 길 만나서
행복한 인생길 가노라니
기쁨이 충만한 삶을 이룬다.

윤번웅

시인, 아호: 죽암(竹巖),「푸른문학」등단,「푸른문학」자문위원, 푸른문학상 대상 수상
시집:「가을이 오는 소리」교보문고 현대시 베스트셀러
에세이집 :「부모님 감사합니다」
공저 :「푸른詩 100선」시선집

만남의 인연

우연한 인연으로
님과 동행 하노라니
머리에 흰 서리 내려
황혼길 되었지만

아름다운 저녁 노을에
그대를 향하는 마음은
마지막 순간까지
고운 사랑 안고가리

몸은 시들어 가더라도
마음은 청춘이라서
당신의 아름다운 사랑
꽃피는 날까지 안고가리

동행하는 삶 만들어
마지막 날인 것처럼
나의 사랑이 그대 가슴에
곱게 곱게 피어나고 싶다네.

인생길에서

인생길을 가노라니
천차만별 길을 걷네

온화한 꽃길을
걸을 때도 있었고
험난한 길을 가는
인생길도 있나보다

시련이 오는 날에는
고통을 안고 가다가
좋은 벗님을 만나서
행복한 인생길을 간다

인생길을 가노라면
사랑하는 마음 안고서
동행하는 즐거움에
성숙한 마음을 안고서
추억을 더듬어 가노라니
인생길이 행복합니다.

겨울 냉철한 문리속에 피어나는

문학의 꽃동산이여!

푸른마음으로 동행

안녕 안성팜랜드

"안녕하세요?"

메리골드꽃이 활짝 핀 화단에서 풀을 뽑고 있던 나는 고개를 들어 소리가 나는 쪽을 바라보았다. 옆을 지나가시던 이 팀장님이 인사를 건네고 있었다.

"네 안녕하세요?" 나는 풀을 뽑던 손을 잠시 멈춘 채 팀장님을 바라보았다.

늘 바쁘신 팀장님은 인사를 건네곤 부지런히 걸으신다. 이 팀장님은 아침이면 핑크뮬리가 잘 자라고 있는지, 가을 코스모스와 해바라기는 얼마큼 커 가고 있는지 공원 이곳저곳을 살피러 다니신다.

짧은 인사를 마친 나도 부지런히 발걸음을 재촉하여 움직이기 시작했다.

이영순

아호: 靑海, 수필가, 푸른문학 등단, 푸른문학 운영이사
푸른문학 작가상 수상
공저: 「푸른詩 100선」 시·수필선집

　전동 자전거 갓길로 계절을 잊은 장미가 드문드문 꽃을 피우고 있었다.
　장미덩굴이 이어진 길을 가노라면 푸른 들판에 멋진 말들이 풀을 뜯는다.
　곧이어 사슴 무리가 동그란 눈으로 방문객을 바라보며 놀고 있다.
　사슴 옆 들판에서는 어린 코스모스가 싹을 틔워 한참 자라고 있고, 우뚝 솟은 미루나무 언덕 위에는 언제 도착했는지 전동 자전거가 즐비하게 주차되어 있었다.

　3km의 외각을 달려가는 재미는 아이들도 부모님도 연인들도 좋아한다.
　언덕 위에서 바라보는 주변 광경은 더할 나위 없이 아름답다.
　여름이 가고 가을이 오면 미루나무 언덕에서 바라보는 들판은 온통 오색 빛으로 가득하리라.
　해바라기와 코스모스, 핑크뮬리 동산은 보는 이로 하여금 감탄을 자아내고 마음을 설레게 한다.

　미루나무 길로 이어진 블루애로우 길은 언제나 인기가 있고, 살짝 비탈진 길은 사진을 담기에 안성맞춤이다.
　블루애로우 길을 지나면 바람개비 언덕 넘어 토끼마을과 검은코 양이며 귀여운 얼굴을 가진 알파카가 있다.

바람개비 길을 따라 내려오자, 당나귀가 이오- 이오- 소리를 낸다.
'심심해 나랑 놀아 주던가 당근을 주라'라고 하는 것 같았다.

타조 역시 큰 덩치를 자랑하며 날개를 푸드덕거린다.
풀을 뜯던 아기 염소들이 날갯짓에 놀라 엄마 염소에게 달려가고 있었다.
양과 염소 그리고 돼지와 소가 있는 마을로 가보았다.
오늘도 더운 날씨 때문인지 물속에서 꼬리를 흔들며 쉬고 있는 돼지를 보고 있으려니 며칠 전 아침에 있었던 일이 생각났다.

사육사 여 주임이 돼지들의 건강을 생각해서 시원한 곳으로 자리를 옮겨 먹이를 주려고 돼지우리의 문을 여는 순간 돼지들의 집단 탈출이 시작되었다.
12마리의 돼지들은 신이 나서 엉덩이를 실룩샐룩하며 도망을 치고 있었다.
사육사 여 주임이 돼지들을 우리에 넣기 위해 한 무리의 돼지를 몰면 다른 돼지들이 도망가고, 도망간 돼지들을 몰아오면 또 다른 쪽이 자유를 찾아 다시 도망을 쳤다.
엉덩이를 실룩거리며 도망을 치는 돼지들을 향해 나도 달렸다.

뒤늦게 소식을 듣고 달려온 남자 사육사의 도움을 받아 가까스로 12마리의 돼지들은 우리로 무사히 들어갈 수 있었다.

나중에 안 일이지만 그날 돼지들도 너무 더워 스트레스를 받았었다고 한다.

돼지들의 노는 모습을 보고 있자니 마침 근처 스피커에서 동물공연이 시작되는 안내방송이 흘러나왔다.

여기저기서 양과 염소에게 먹이를 주고 있던 방문객들은 일제히 나무 그늘이 있는 가축공연장으로 발걸음을 옮긴다.

곧이어 아이들과 어른들 모두가 기다리던, 동물공연의 시작을 알리는 오프닝 음악인

콜드플레이의 'Viva la Vida'가 흘러나온다.

사회자의 인사말과 함께 공연이 시작되었다.

날렵한 몸짓으로 등장하는 소민호 훈련사와 그의 훌륭한 조수인 믹스 용용이가 달려 나왔다.

"자 지금부터 훈련사가 원반을 던지겠는데요. 우리 용용이가 잘 받아주나 볼까요? 자! 간 다아~~"

원을 그리며 저 멀리 날아가는 원반을 향해 용용이는 넓은 푸른 잔디 위를 미끄러지듯 빠르게 달려나간다.

용용이는 단 한 번의 실수 없이 점프하여 원반을 물었다.

이 광경을 지켜보던 관객들은 일제히 박수를 친다.
이 외에도 여러가지 묘기와 환상적인 그 둘의 합은 보는 이로 하여금 환호성을 자아냈다.

이어서 체리필터의 '오리 날다'라는 음악에 맞춰 오리들의 행렬이 있었고, 꿀꿀이 돼지들 뒤를 따라 염소와 면양 다른 가축들의 무리들이 달려 나왔다.
소민호 훈련사는 그의 또 다른 파트너 보더콜리 러브와 함께 다시 등장을 하였다.
러브가 여러 개의 봉 사이를 지그재그로 뛰고, 터널을 통과하는 등 장애물 달리기를 하며 관중들의 마음을 사로잡고 퇴장을 하자
그동안 나왔던 여러 종류의 가축들은 다시 한번 등장을 하였다.
마지막으로 흰색 깃털을 가진 한 무리의 비둘기가 푸드덕거리며 공중으로 날아간다.
비둘기를 마지막으로 동물공연은 막을 내렸다.

공연을 보던 관객들은 아쉬움을 뒤로한 채 발걸음을 돌렸다. 한편 중앙광장에서는 물놀이와 거품놀이가 한창인 것 같았다.
물놀이장과 가까울수록 아이들의 웃음소리와 스피커에서 흘러나오는 노래가 섞여 들썩들썩하였다.

버블존에 있는 아이들은 한 움큼의 거품을 작디작은 손으로 담아 입가에 가져가더니만 후~~우 하고 불어 공중에 날리는 놀이를 하고 있었다.
　거품은 어느새 뭉게구름들이 되어 바람을 타고 둥실둥실 공중을 떠다니고, 신이 난 아이들은 거품을 얼굴에 문지르며 좋아서 소리를 지른다.

　바로 옆 물놀이장에 있는 아이들은 물총을 들고 강아지처럼 이리 뛰고 저리 뛰며 물줄기를 마구 쏘아대고 있었다. 이에 질세라 해바라기 모양의 소용돌이 스프링클러도 물을 내 뿜으며 이리저리 춤을 추었다.
　물놀이장을 바라보며 출구로 향하는 방문객 사이로 한 어린아이가 엄마 아빠의 손을 잡고 걸어가고 있었다.
　"아가 오늘 즐거웠니?"
　"네 재미있었어요! 우리 담에 또 와요!"
　"그래, 다음에 또 오자"
　어린 아이가 뒤돌아 손을 흔들고 있었다.
　"안녕, 잘 있어 안성 팜랜드"

이영순

가을상추

보라색 가지가 주인을 닮아
길쭉하게 자랐다.
날것으로 먹어도 달콤하니 맛있다.

초록 고추들은 다산을 자랑하며
약간의 매운 기운을 더하길래
고추장을 찍어 먹으니
여름 입맛을 돋우기에 안성맞춤이다.

오이들은 일찍이 철이 들어
금세 누르스름해지곤 하지만
속은 외강내유라
자연의 깊이를 느끼게 해준다.

즐거운 마음으로 텃밭에 갔더니, 아뿔사!
이쁜 상추는 떡잎만 남고
고라니의 흡족한 미소만이 그 자리에 있었다.

작년에도 그러하더니
올해도 내 상추만 즐겨 먹는다
얄미운 녀석 같으니라고.

가을상추를 다시 심어본다.

오묘한 달맞이꽃

아침에는
새침데기 모습
노란 입술 꼭 다물고
모른 척하네

어스름 해지면
환하게 피어난
노란 달맞이꽃
생김새는 초라해도

달달한 고혹적인 내음
폴~ 폴 내뿜으니
밤새도록 너의 곁을
떠날 수가 없구나.

이정희

시인, 아호: 芸瑟(운슬). 숙명여대 기악학과 졸업, 「문예운동」 등단(시인), 「푸른문학」 자문위원, 푸른문학회 평생회원, 허난설헌문학상 본상 수상, 푸른문학상 시 대상 수상
가래문학 동인, 공동저서 15권, 제1시집 「어느날 바람결에」, 제2시집 「내 마음의 노래」
제3시집 「연둣빛 사랑」, 제4시집 「사랑한다는 것은」
공저: 「푸른詩 100선」 시선집

예서 50년을 넘게 살아도

지루한 날은 없었다
외로울 때도 슬플 때도
한강은 늘 포근히
감싸 주었다

나무 그늘 벤치에 앉아
한강을 바라다보면
모든 근심 흘러가네

사시사철 어느 때든
어서 오라고 반기네
별빛이 내리는 밤에도
이슬 내린 새벽녘에도

너그러운 한강에
기대고 싶어라
이 세상 다하는 날까지.

수타사계곡의 만추

낙엽길 오묘한 향기에
누구든 시인처럼 읊조린다
잎새들이 스산히 날리며
산길에 흩어지면
황홀하지만 비애감에
만감이 교차한다

낙엽이 스치며 속삭이네
무엇이 두려운가
누구나 한 번은 가야 할 길
괜한 걱정 버리고
늦가을 정취를 맘껏 노래하세

홍엽들이 꽃비 내리듯
흩어지며 귀엣말하네
지금 이 순간 만큼은
선홍빛의 요염함이
극치를 이루니 여한이 없다고

눈부시게 아름다운 날
수타사의 갈잎들을 닮아
흔적 없이 정갈하게 부서지리
이 세상 다하는 날에는…

푸른산에 초록이 흐르는 감미로운 선율이여!

숲의 정취를 우리 다 함께 詩 한수 읊음이여!

내 삶의 반추

살아갈 날이 살아온 날보다 짧은 현실
무던히도 바쁘게 살아온 인생
무엇이 그리도 바빠 뒤도 돌아보지 못하고
스스로 만든 바위돌 만한 업무를
둘러메고 여기까지 왔네

사업장엔 오너로서 책임을 감당하며,
각종 회장직과 사회봉사로 전력을 다하여
녹슬지 않은 삶으로 나름 성과는 있었네

이제 황혼의 길목에서 남은 삶은
어떻게 살아갈까?
평온한 마음과 바윗돌을 솜털로 바꾸고
아프지 말고 행복하게 살아가자.

장 봉 진

시인, 푸른문학 등단, 한양대학교 환경대학원 졸업, 창성조경건설(주) 대표이사
국제라이온스협회 강남클럽회장 역임, 재경주덕읍향우회 17대 회장 역임
수목치료기술자 자격증 外 5개 취득, 서울특별시장 표창장 2회,
송파구청장·구로구청장 표창장, 한국토지주택공사 공로패, 한솔개발(주) 감사패
공저: 「푸른詩 100선」 시선집

물놀이장

천진난만한 아이들의 웃음소리
물놀이장을 가득 메우고
워터슬라이드 위 안전요원의
호루라기 소리와
함께 힘차게 미끄러진다

짧은 순간 스릴과 만족감에 괴성을 쏟아내곤
어느새 올라가 있고
유아들은 작은 풀에서 물장구치며
엄마들은 한순간도 눈을 떼지 못하고
작은 동작에도 배시시 웃는다

타는듯한 무더위도 이 순간만큼은
멀찌감치 물러나 있다
유난히도 무더위가 지속되고는 있지만
오는 가을을 어찌 막으랴

아무 생각 없이 현재를 마음껏 즐기는
저 아이들이 참 부럽네.

텃밭

청아한 새소리 창문을 비집고 들어오면
눈이 떠지며 텃밭을 향한다

들어서자마자 귀염둥이들 환하게 웃으며
서로 봐달라며 안달하고 필요를 즉각 들어주며
알 수 없는 병해충들이 무수히 괴롭힐 때면
처방에 최선을 다한다

첫 결실을 맛보니 놀랍도록 오묘하고
신선하며 마냥 신기할 따름
한 알의 씨앗 속 배아가 겉피를 뚫고 나오며
남은 것은 양식의 근간이 되는 신비한 현상
이후 땀과 정성이 만들어 낸다

농사는 거짓도 없고 공짜도 없으며,
절반은 하늘이 짓는다고 하니
어찌 하늘에 감사하지 않으랴

저들은 요술램프요 마술사
모든 것을 아낌없이 내어주곤
다음 세대를 위한 밑거름이 되어준다.

나침판 · 1

너
지금 떨고 있는 거니

너무 그러지마
흔들거리고
넘어지는 삶에 방황도

제자리로
꼭
돌아올 거야

항상
그곳으로 향하는
나침판처럼!

최낙철

시인, 푸른문학 등단, 푸른문학 평생회원, 푸른문학 자문위원, 푸른시 100선 편집위원
경희대학교 행정대학원 수료, 현재 삼성화재 보험대리점 대표
둔촌2동 주민자치회 위원(전), 푸른문학 감사장,
한중일 국제문화 교류전 참가, 국제문화예술 표창패 수상
공저: 「푸른詩 100선」 시선집

나침판 · 2

캄캄한
숲속 길
넘어져 힘들고
길 잃어 헤매 일지라도
너무 걱정하지 마

다시
일어나고
걷게 할게
다 잘 될 거야

내가
안내할게
옳은
선택의 길로!

몽당 놋수저

새색시 마음결
보름달 같던
네가

잔치로 즐거운 날도
부뚜막 숯 검댕이 속내로
갈리고 깎이어
살아낸
세월

할머니 놋수저
초승달이 되었구나

해바라기 戀歌

오늘도 언덕에서 당신을 뵈옵니다
입가에 엷은 미소 머금은 그대 당신
눈망울 반짝 빛나는 당신을 뵈옵니다

한여름 가슴으로 뜨겁게 안아주는
당신을 뵈옵다가 난 그만 당신 품에
당신의 포로가 되어 살며시 안깁니다

가을날 아침이슬 두 볼에 맺힐 때에
가없는 사랑으로 나에게 다가서는
당신의 사랑 앞에서 난 고개를 숙입니다

홍중표

시인, 작사가, 푸른시 100선 편집위원, 푸른문학·푸른문학신문 최우수상 수상,
황희정승문학상 본상 수상, 매월당문학상 본상 수상, 푸른문학상 제 1회 시조부문 대상
수상시집: 여명의 등불
공저: 푸른詩 100선 1, 2, 3, 4, 5, 6, 7, 8, 9, 10집
음반: 홍중표 작시, 이종록 전북대 명예교수 작곡, 푸른문학 외 다수

古木

새들의 보금자리 나그네 휴식 공간
바람이 쉬어가고 구름이 스쳐가니
눈보라 모진 비바람 온몸으로 막는구나

鳥類를 품어안고 나그네 보살피니
긴 세월 이타 사랑 애간장 흘러내려
멍이 든 가슴속에는 허공만 남았구나

한 세상 태어나서 퍼주고 나눠주는
그 뜻을 받들어서 옛古에 나무木 字
가슴에 명패를 달아 命名을 하였구나

첫눈

첫눈이 내리는 날 고요한 밤이 오면
그 옛날 그때 추억 그리워 잠 못 들고
가슴속 깊은 곳에서 꺼내놓고 봅니다

따스운 뽀얀 체온 몸으로 탐색하듯
그리움 뽀득뽀득 살며시 다가오고
새하얀 솜이불 속의 따스함이 그리워요

수 십 년 쌓여져 온 못 잊을 그리움이
수년의 겹겹 자란 세월의 그리움 되
마음속 깊이 새겨진 잊지 못할 옛 추억

새하얀 지면 위에 손자국 찍힌 듯이
기억의 그리움이 살포시 내려앉아
내 마음 숨을 곳 어디 찾을 길이 없어요

홍중표

지혜의 마중물, 문단의 새바람 푸른문학 39호 기념

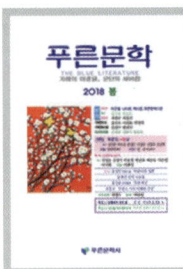
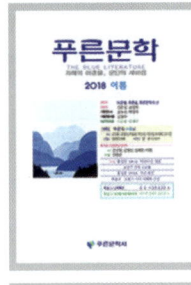

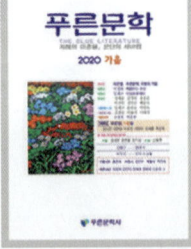

지혜의 마중물, 문단의 새바람 푸른문학 39호 기념

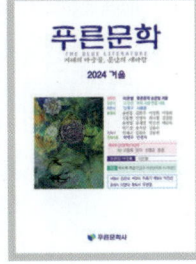

♣ 푸른문학 헌장 ♣

21세기는 문화시대
'지혜의 마중물 문단의 새바람'을 케치프레이즈로 하는 푸른문학은 참선비 정신의 문인들 참여로 순수문예지 가치창출과 문단의 기량이 높고 참신한 신인을 발굴하여 창작활동을 지향한다.
시, 소설, 수필, 평론 아동문학, 희곡 등의 순수작품을 독자 대중과 소통하는 진정한 문학 시대를 열어간다.

이에 '푸른문학헌장'을 제정, 이를 문학운동으로 다음과 같이 전개 한다.

- 첫째   푸른문학은 인간의 삶에 필요한 맑은 영혼이 읊은 문화예술의 산이다.
- 둘째   순수한 이성과 감성이 빚어낸 결정이며 금강석이 된다.
- 셋째   좋은 작품, 시각적인 디자인, 세련된 구성으로 형상화하여 독자들이 감동하게 한다.
- 넷째   특유의 브랜드를 창조하여 문화의 숨결을 느끼고, 환경에 관한 글을 특집으로 게재하여서 문학지로써 품격을 높인다.
- 다섯째 시대의 길잡이가 되어 푸른문학의 발전과 대한민국, 세계화에 이바지한다.

*푸른문학 회원은, 등단한 문학인 모두 회원이 될 수 있다.

2016. 3. 3.

♣ 푸른문학신문 헌장 ♣

「푸른문학신문」은 시대의 공기로써 공정하고 정의로운 정론직필의 시대적 사명에 충실할 것입니다.
하늘이 무너져도 정의를 바로 세우라는 법언을 마음에 깊이 새기며 세상에 빛된 사명을 다하겠습니다.
「푸른문학신문」은 시대를 앞서가는 등대가 되어 다음과 같이 언론 사명을 천명합니다.

- 정론직필을 최고의 가치로 한다.
- 세상을 밝고 건강하게 만든다.
- 제4차 산업혁명의 견인차 역할을 다한다.
- 푸른문학과 한국문학의 세계화에 힘쓴다.
- 세계문학의 진흥에 앞장선다.
- 사이버 문학 발전을 위해서 노력한다.
- 전인격적인 문학인 양성에 최선을 다한다.
- 각종 문화예술 사업에 적극 동참한다.
- 한국문단의 정보화 세계화에 견인차 역할을 한다.
- 대한민국의 번영과 평화를 위하여 적극 노력한다.

2019. 2. 16.

푸른문학 신인문학상 작품 공모

순수 문예지 **푸른문학**이 '지혜의 마중물, 문단의 새바람'으로 참신하고 역량 있는 신인 작품을 다음과 같이 공모합니다.

●●● 모집 부문
① 시·시조/ 5편 이상
② 소설·희곡·문학평론/ 각 1편(편당 200자 원고지 70매 내외)
③ 수필/ 2편(편당 200자 원고지 15매 내외)
④ 아동문학/ 동시 5편 이상, 단편동화 1편(편당 200자 원고지 30매 내외)

●●● 응모 요령
① 응모 작품은 이메일로 또는 등기우편으로 송고하며, 이미 발표되지 않은 순수 창작물이어야 합니다.
② 접수 마감/ 년 4회(분기별 2월 20일, 5월 20일, 8월 20일, 11월 20일)
③ 작품에는 앞부분에 '신인문학상 응모 작품'임을 명시하고, 끝 부분에 주소·전화·성명(필명인 경우 본명)을 반드시 밝혀야 합니다.
④ 응모 작품은 일체 반환하지 아니합니다.

●●● 심사 규정
① 응모 작품은 본지 푸른문학심사위원회에서 엄선합니다.
② 당선 작품은 본인에게 서면 통보하고, 본지에 발표합니다.
③ 당선자는 기성 문인으로 예우하며, 푸른문학 회원으로 작품 활동에 참여합니다.
④ 푸른문학에서는 문학인 여러분의 작품집도 만듭니다. 특히 당선자께서는 필요시 특전을 제공 받습니다.

●●● 보낼 곳
우) 01073 서울특별시 강북구 도봉로 313 (수유 3동)
효성인텔리안빌딩 1905호 푸른문학 편집국
전화/ 02-992-0333   팩스/ 02-992-0334   이메일/ poet33@hanmail.net

푸른문학 임원, 회원 회비, 정기구독

지혜의 마중물, 문단의 새바람

푸른문학의 임원, 회원 회비, 정기구독을 안내합니다.

●●● 정기구독신청

전화/ 02-992-0333 또는 010-3575-5356, 팩스/ 02-992-0334
우/ 01073 서울특별시 강북구 도봉로 313 (수유3동) 효성인텔리안빌딩 1905호
이메일/ poet33@hanmail.net

●●● 정기구독

1년분 1권씩 분기별 4회/ 80,000원   1년분 2권씩 분기별 4회/ 150,000원

●●● 회비

회원/ 100,000원(푸른문학 매호 1권, 푸른문학 작품 발표)
운영이사/ 200,000원 편집·기획이사/ 300,000원
      (푸른문학 매호 2권, 푸른문학 신간, 푸른문학 작품 발표)
평생 회원/ 1,000,000원(5년)
      (푸른문학 매호 2권, 푸른문학 신간, 푸른문학 작품 발표)
자문위원/ 300,000원
      (푸른문학 매호 2권, 푸른문학 신간, 푸른문학 작품 발표)
회비는 매해 3. 30까지 납부하여 주십시오.
*후원금은 1계좌당 10만원으로, **푸른문학**지 제작에 쓰여집니다.
*전년도 회비 미납시에는 매년 봄호에 임원 명단에서 내려집니다.

●●● 회비·구독신청 은행계좌

국민은행 759-24-0088-159 이혜순 (푸른문학)
농협 302-1038-9404-11 이혜순 (푸른문학)

책을 출판하여 드립니다

푸른문학사에서는 시집·수필집·소설 및 평론집 등의 작품집을 만듭니다. 원하시는 분의 상담을 바라며, 깔끔한 편집과 제작에 최선을 다할 것을 약속 드립니다.

장르	500부	1,000부
시 집	128쪽 기준	128쪽 기준
수 필 집	192쪽 기준	192쪽 기준
소설·평론집	224쪽 기준	224쪽 기준

●●● 확인 사항

① 편집 체제는 반양장·2색 편집을 원칙으로 하되, 원하시는 경우에는 의논하여 결정합니다.

② 양장본·컬러판이거나 그 외 특수한 판형 또는 에폭시 코팅의 경우에는 상황에 따라 제작비가 별도로 산출됩니다.

③ 작품집의 서점 공급을 원하시는 경우에는 제작 의뢰시 상담해 주십시오.

④ 최종 시안 확정 후 넘어간 인쇄건에 대한 오탈자는 저자가 책임집니다. 최종 시안 교정시 세심하고 꼼꼼한 확인 부탁드립니다.

●●● 입금계좌

국민은행 759-24-0088-159 이혜순 (푸른문학)

농협 302-1038-9404-11 이혜순 (푸른문학)

전화/ 02-992-0333 또는 010-3575-5356, 팩스/ 02-992-0334
우/ 01073 서울특별시 강북구 도봉로 313 (수유3동) 효성인텔리안빌딩 1905호
이메일/ poet33@hanmail.net

녹색환경 개선 캠페인

강산을 푸르게 푸르게

푸른문학사에서는 '강산을 푸르게푸르게' 캠페인에 문학을 함께 합니다. 어제오늘에 우리 지구가 환경의 극심한 변화로 몸살을 앓고 있음이 주지의 사실로, 특히 '녹색환경 개선'에 너나없이 사명감을 불러일으키고 있습니다.
이에 저희 「푸른문학」이 펼치는 캠페인에 동참을 기대합니다.
푸른문학 회원은 「푸른문학」 '강산을 푸르게푸르게'에 게재하겠습니다.
여러분께서 그 공간에 적극 참여하여 주십시오.

★환경부장관 표창장 - 2016. 12. 31★

1. 작품 소재/ ① "강산을 푸르게"와 부합되는 시, 수필
   ② 환경개선(생활환경, 자연환경, 기후환경 변화 등)
   ③ 환경보전 의식의 고취(오염방지, 에너지 절약, 온실가스 절감 등)
   ④ 환경사고 및 개선의 실천 사례 등
2. 작품 부문/ 시·시조·동시
   수필: 1편
3. 마감/ 수시 접수(기한 없음)
4. 보낼 곳/ 01073 서울시강북구 도봉로313(수유동)
   효성인텔리안빌딩1905호
   bluestarv33@naver.com
5. 보충 자료/ 필자의 주소·전화 포함, 프로필
6. 문의처: 02-992-0333 푸른문학사 편집국

 푸른문학사

윤종대 화백

자연유희
코스모스

코스모스는 우주라는 의미가 있는데 윤종대 작가는 수년간 코스모스(자연유희)를 연작시리즈로 그리고 있다 어린시절 고향에서 친구들과 꽃잎 튕기며 거닐던 코스모스 길은 순수한 사랑이고 범우주적인 아름다움의 향수이고 추억이 담겨져있다 형형색색의 코스모스들은 순수의 상징이고 아름다움의 극치이다 작가의 코스모스 작품들은 현대인들의 지친 삶을 위로하고 정서적으로 메마른 대지에 단비를 적신다 어머니의 품같은 고향의 정겨움과 그리움에 대한 애잔한 표현이고 사랑이다

80.3X100.0cm

120X60cm

Youn, Jong-Dae 윤 종 대 尹 鍾 大

영남대학교 미술대학 서양화과 졸업
동 조형대학원 서양화 전공 졸업
개인전 33회
2인전 3회/3인전 5회
홍콩하버아트페어/2018
대만카오슝아트페어/2017
화랑미술제/벡스코,부산,2010 코엑스,서울,2018
호텔아트페어/소공동롯데본점,서울,2017
아트광주/광주국립아시아문화전당,2016
조형아트서울/서울,코엑스,2016
대전국제아트쇼/대전무역전시관,2016
서울아트쇼/서울,코엑스,2014,2015,2017
부산국제화랑아트페어/벡스코,부산,2014
아트광주/김대중컨벤션센터,광주,2013,2014,2016
대구아트페어,엑스코, 대구, 2013,2016
현: 한국미협,심상전미협,아티스트패밀리,담전회원
폰: 010-9210-9993
E.mail: y763177@naver.com
홈피: http://www.younjongdae.artko.kr

100X60cm

50.0X65.1cm

80.3cmX116.8cm

120X60cm

 푸른문학사

01073 서울시 강북구 도봉로 313(수유동) 효성인텔리안빌딩 1905호
전화 02-992-0333/ 팩스 02-992-0334/ 이메일 poet33@hanmail.net

문화예술
국제영예상
수상

青五 임재구 지음

『칭찬합시다』 제4권을 상재합니다.
갑진년 한 해 동안 살아낸 삶의 흔적들이
105편의 시, 수필을 이루었다.
직원 여러분과 함께했던 희로애락을
온몸으로 체득하는 소중하고 뜻깊은 나날이었다.
지극히 일상의 발자취를 기록으로 남기고
소중한 삶의 추억과 교훈을 얻고자 한다.
기록의 소중함과 가치를 일깨우며
어떤 환경과 여건에서도 감사를 배우고
삶의 구석구석을 아끼며 사랑하는 길을 가리라!

『칭찬합시다』 제4권 상재를 자축하면서
직원 여러분과 회사의 무궁한 발전을 기원하고,
을사년 새해 복 많이 누리시길 기원합니다.

青五 임재구

시인, 수필가
서울메트로환경 근무, 전)서울교통공사
푸른문학사 부대표, 푸른문학 주간
푸른문학신문 부대표, I. A. E. U 명예문학박사
「푸른詩 100선」시선집 편집위원장
국제PEN한국본부 문화정책 위원
한국문인협회 정책개발위원
암행어사 박문수 황금마패상 수상
세계환경문학상 본상 수상
한중문화예술문학상 국제영예상 수상

한국문학인대사전 수록
저서:「나의 시편」5권,「바닷가 모래알처럼」15권
「산문」8권,「詩사랑」45권,「천지인」「반추」외 10권
「푸른문학사」1권,「칭찬합시다」4권
「설교집」1권,「신앙시」1권
공저:「푸른詩 100선」시선집
s39000@naver.com

제45시집
靑五 임재구 시집

詩사랑

암행어사 박문수 황금마패상

미역 따다 국 끓이고
다시마 따다 요리하고
톳이랑 전복이며
여섬 물질하여 그대 밥상을 차리리라
파랑 일어 갈 길 멀다 마라
그리움의 파랑 일면
억겁 사랑의 파도를 넘는다

이어 이어 이어도 사랑이여
임이시여 어서 오라
바람 따라 구름 따라
파랑 일면 조각배 타고
선녀처럼 어서 오시라
해풍에 사랑이 익어 간다
이어 이어 이어도 사랑이여

― 이어도 사랑 중에서

靑五 임재구

시인, 수필가
서울메트로환경 근무, 전)서울교통공사
푸른문학사 부대표, 푸른문학 주간
푸른문학신문 부대표, I. A. E. U 명예문학박사
「푸른詩 100선」 시선집 편집위원장
국제PEN한국본부 문화정책 위원
한국문인협회 정책개발 위원
암행어사 박문수 황금마패상 수상
세계환경문학상 본상 수상
한중문화예술문학상·국제영예상 수상
한국문학인대사전 수록
저서: 「나의 시편」 5권
「바닷가 모래알처럼」 15권
「산문」 8권, 「詩사랑」 45권
「천지인」, 「반추」 外 10권
「푸른문학사」 1권, 「칭찬합시다」 4권
「설교집」 1권, 「신앙시」 1권
공저: 「푸른詩 100선」 시선집
s39000@naver.com

꽃빛 스치는 바람

이은별 제5시집

초가을 돋을볕에 함초롬히 고개 내민
소담하고 순수한 코스모스 노란 꽃술
푸른 하늘 가득 은은하고 맑은 바람이여

새털구름 한가롭고 아름다운 날
실개천 따라 산책길은 風雅롭고
감미로운 선율이 흐르는 꽃물결에
시나브로 가슴 열면 소중한 꿈 있느니

한들거리는 코스모스 송이송이
저 산들바람에 눈부신 꽃빛이여
여유로이 逍遙하니 유유자적한가

잠자리 날아와 포르르 너울거리면
이 정취를 우리 함께 심취하려니
세월은 한시도 쉬지 않고 흐르고
꽃빛 스치는 바람에 별유천지가 예 있네.

— 꽃빛 스치는 바람

교보문고 현대시 베스트셀러 3위
(2021. 2. 25~26)

이은별

프로필
시인, 수필가, 푸른문학사 대표
I. A. E. U 명예문학박사
푸른문학신문 대표
푸른문학 발행인
푸른문학회 회장
한국문인협회 26대 이사
국제PEN한국본부 34~37대 이사

수상
환경부장관 표창장
세계환경문학상 본상 수상
허난설헌문학상 본상 수상
국제PEN문학상 수상
국제PEN 대한민국 시명인대상 수상
국제PEN 공로상, 서포문학상 수상
한국문학인대사전 수록
동아일보 · 한국일보 · 백제신문 등 게재

저서
시집:「백목련의 아침」,「지혜의 숲」,
「내일은 푸른 하늘」,「여명의 산책」,
「꽃빛 스치는 바람」
시와 에세이:「배낭에 詩 한줌」
감성 에세이:「섬초롱꽃 사랑」
공저:「푸른詩 100선」, 시선집 1~10호
푸른문학: 2016 봄호
~ 2025 가을호 39호 발행

 푸른문학사

01073 서울시 강북구 도봉로 313(수유동) 효성인텔리안빌딩 1905호
전화 02-992-0333 / 팩스 02-992-0334 / 이메일 poet33@hanmail.net

교보문고 현대시 베스트셀러, 아름다운 시로 선정된 제 1시집, <나와 악수하기>,
제 2시집, <언어로 집짓기>! 두 권의 시집에 이어
김화수 시인의 '나'로 존재하며 걷는 여행을 함께 따라가 본다.

나로 존재하기

김화수 제3시집

2021 푸른문학상 시 대상 수상

그 새는 가볍지 않아

노래도 가끔만 부르지

다른 새들 날개 펴고 날 때

가만히 지켜보다가

남아있는 음률 가다듬고

부리로 가슴 근처 깃털 어루만지네

온몸 적시는 빗물 아래서는

존재보다 더 큰 그림자에

영혼 드리우며

날 수 있는 용기를 확인하지

「새와 함께」 중에서

김화수

서울 출생, 호는 書杉
시인, 수필가, 문학평론가, 언어병리학 박사
국제PEN한국본부 회원, 한국문인협회 회원
UN산하 국제Zonta 회원
「푸른문학」 편집국장, 「푸른시100선」 편집위원
이화여자대학교와 동대학원 졸업
연세대학교 강사, 명지대학교 교수, 루터대학교 교수 역임
현재/ 대구대학교 언어치료학과 및 특수창의융합학과 교수
국제다문화의사소통학회 회장, 대구대학교
재활과학대학 학장
수상/「문학저널」 신인상(2015)
올해의 이화인상(2016), 국제문화예술협회 본상(2016)
허난설헌상(2021), 푸른문학상 대상(2021)
대구대학교 우수연구자상(2014~2018, 2022)
제 1시집 「나와 악수하기」
제 2시집 「언어로 집짓기」
제 3시집 「나로 존재하기」
「푸른문학」, 「푸른시100선」, 「PEN문학」에 다수의 시 수록
역서/ 언어장애와 의사소통장애, 언어발달
의사소통장애: 전생애적 조망, 언어발달장애
발달지연청소년의 참세상살이, 실어증과 신경언어장애
아동언어장애, 언어발달장애키기
저서/치매예방을 위한 인지의사소통놀이 50
치매예방을 위한 인지의사소통놀이 48
현실인식을 위한 치매예방 인지의사소통 워크북
휴머니튜드 인지의사소통(근간)등 저서 다수

푸른문학사

01073 서울시 강북구 도봉로 313 (수유동) 효성인텔리안빌딩
전화 02-992-0333 / 팩스 02-992-0334 / 이메일 poet33@hanmail.net

강윤수 제2시집

바람, 풀잎 이슬 노래하다

교보문고 현대시 베스트셀러

바람, 풀잎 이슬
그리움을 물들이고
가슴속 깊이 아파하는
나뭇잎 하나 둘 바람의 세월인 것을

고인 눈물이
쓸쓸해 가는 새벽 이야기는
우리 사랑이었고
끝내는 바람, 풀잎 이슬 노래하다.

– 바람, 풀잎 이슬 노래하다 중에서

강 윤 수

시인, 전북 김제 출생
전) 군산상업고등학교
부안여자상업고등학교
군산여자상업고등학교
전주상업고등학교
군산남고등학교
전주상업정보고등학교 등 근무

제1시집 「바람, 나뭇잎 하나」
제2시집 「바람, 풀잎 이슬 노래하다」
푸른문학 등단
푸른문학 운영이사
전북시인협회 회원
한국문인협회 전주지부 회원
gys7@hanmail.net

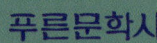 푸른문학사

01073 서울시 강북구 도봉로 313(수유동) 효성인텔리안빌딩 1905호
전화 02-992-0333 / 팩스 02-992-0334 / 이메일 poet33@hanmail.net

권영엄 시집

행복한 둥둥섬

내 안에 섬 향기가 피어나고
아무런 속세의 때가 머무를 수 없는
배 한척 숨겨 두고
누워 둥둥 떠 있는
숨 쉬고 있는 생명의 낙원

전화 한 통 안 와도
영상 전파 없어도
텔레파시로 미소짓는
안경 너머 봉우리 밝은 빛

그대와 둘이 남겨진
두 번째 에덴의 동산
다시는 약속을 어기지 않는
평온한 세계
행복을 찾지 않는 진짜 행복
내 마음 속 빛나는 둥둥 섬

― 행복한 둥둥 섬

권영엄
시인
푸른문학 등단
푸른문학 운영이사
공주교육대학교 국어교육과 졸업
석초문학 동인
공주대 교육공학대학원 졸업
초등학교 교사 28년 근무
초등학교 교감 4년 6개월

금산 남이초등학교장 근무
공주 덕암초등학교장 근무
공주 의당초등학교장 근무
공주 금학초등학교장 근무
수상 : 교육과학기술부장관 표창
공저 : 「푸른詩 100선」 시선집

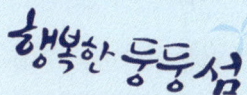 푸른문학사

01073 서울시 강북구 도봉로 313(수유동) 효성인텔리안빌딩 1905호
전화 02-992-0333 / 팩스 02-992-0334 / 이메일 poet33@hanmail.net

김경원 제2시집

수평선 뒤로 손을 넣다

2021 푸른문학상 시 본상 수상

아! 좋은 사랑이었어!

우리 민족이 이루고 이룰
영원한 사랑의 소리를 담고
저리 묵묵히 기다렸던 거야

기다리지 않고
내가 너에게 가서
비로소 사랑을 깨닫는 현자처럼!

타종 - 시 중에서

3·1절 100주년 보신각
타종행사, 푸른문학회 13인

김 경 원

시인, 아호: 우제, 푸른문학 등단, 푸른문학 평생회원
국제PEN한국본부 회원, 푸른문학상 본상 수상
한국문학인대사전 수록
제1시집: 별청소부
제2시집: 수평선 뒤로 손을 넣다
공저: 푸른시 100선 시선집

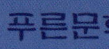 푸른문학사   01073 서울시 강북구 도봉로 313(수유동) 효성인텔리안빌딩 1905호
전화 02-992-0333 / 팩스 02-992-0334 / 이메일 poet33@hanmail.net

푸른문학상 대상 수상집

볼테르의 꽈배기

류재엽 시집

2023 푸른문학상 시 대상 수상

갈색으로 둘둘 말아
불에 덴 듯 달아 오르면
아편처럼 달콤하여
마음속에 강한 압력으로
마른 생을 비틀어 뽑았다

허공 중에 생을 묻고
잃어버린 시간의 입구를
무거워진 손 위에 올려
무엇인가를 주어야 하고
무엇인가를 받아야 하는
변신이 망명을 서두르다 멈춘 자리

후루루 던진 길고 가느다란
나의 볼테르 나를 버려 나갈 것이다
평범하게 되려는 모든 일상
마음을 홀리는 불빛이 되어 나불거렸다
볼테르,
위안의 그 어떤 속됨도 벗어 던진다.

류재엽

시인
「푸른문학」 운영이사
「푸른문학」 평생회원
「푸른문학」 문화국장
한국문인협회 마포지부 사무국장(역)
시집: 볼테르의 꽈배기
공저: 「푸른詩 100선」 시선집

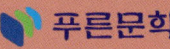 푸른문학사   01073 서울시 강북구 도봉로 313(수유동) 효성인텔리안빌딩
전화 02-992-0333/ 팩스 02-992-0334/ 이메일 poet33@hanmail.net

청춘은 구만리

2023 푸른문학상 시 대상 수상

박홍기 시집

정적이 흐르는 어둠 속 바다
하늘은 점점 밝아 온다

숲속에서 평안히 잠자던
새들은 놀라 동시에 짹짹 거리며
소란을 일으킨다

눈을 감고 태양을 바라보면
뇌 속은 온통 붉은 원적외선
우주 속의 영상 바다
오, 환희의 순간!

건강한 태양욕으로
해맞이 체험 한번 하여 보세!
원적외선이 환상이라네.

박 홍 기

시인
아호: 靑春
푸른문학 등단, 푸른문학 편집이사
이천초등학교, 호산중학교, 북평중학교
태백기계공고 기계과 졸업
한국방송통신대학교 농학과 졸업
삼척산업대학교 정밀 기계공학과 졸업
인천대학교 석사 졸업 기계교육 전공

부총리겸 교육인적자원부 장관 표창장 수상
산업자원부장관상 수상(4회)
강원도교육감상 수상 (9회)
한국교원단체총연합회 교육공로상 표창장 수상
매월당 김시습 문학상 본상 수상
(금오신화 저자 한문 최초 소설)
허균문학상 본상 수상
(홍길동전 저자 한글 최초 소설)

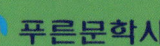 푸른문학사

01073 서울시 강북구 도봉로 313(수유동) 효성인텔리안빌딩 1905호
전화 02-992-0333 / 팩스 02-992-0334 / 이메일 poet33@hanmail.net

푸른문학 문학상 대상 수상집

배문옥 시집

엄마의 봄

난 몹시 그대 보고 싶어
무수한 시간 독백으로 침묵하고

하늘 너머 날 지키는
그대 숨결 그대 눈길 가슴으로 느낀다

마음속까지도 알 것 같은 그댄
내 심장 곳곳을 이미 투영하고

진심된 맘 그대 앞에 발그레이 내려놓으니
산새는 손뼉 치고 푸른잎은 덩실 춤을 추는구나

아~~
하얀 백합 향내는 그대에게 나를 선물하고
천상에선 노래가 가득하니
보고픔은 다정히 내 곁에서 팔짱 걸고 있다

　　　　　-어떤 날의 기도

배 문 옥
시인
아호: 淸閒
K.N.O.U 국어국문학과 졸업
푸른문학 편집이사
국제PEN한국본부 회원
매월당 문학상 본상 수상
허난설헌 문학상 본상 수상
지경 대표
공저: 푸른시 100선 시선집
시집: 엄마의 봄

 푸른문학사　01073 서울시 강북구 도봉로 313(수유동) 효성인텔리안빌딩 1905호
　　　　　　　　전화 02-992-0333 / 팩스 02-992-0334 / 이메일 poet33@hanmail.net

제 39회 허난설헌문학상 본상 수상집

꽃들에 묻는다

허난설헌 문학상 본상 수상

안청자 시집

꽃들은 누가 말하지 않아도
스스로 피고 스스로 진다
계절에 맞는 빛깔로 활짝 피어나
미련 없이 그 꽃잎 '툭' 떨구니
그때를 바로 알아 조화롭다

나는 누가 말해줘도 듣지 못하고
올 때도 몰랐고 갈 때 역시 몰라
어둠 속에서 우왕좌왕 좌충우돌
애꿎은 시절 탓하며
그때를 알지 못해 매양 어긋난다

접시꽃, 원추리, 개망초, 나팔꽃
백일홍, 치자꽃, 수국, 장미꽃…
너희들은 어떻게 그때를 알고
그때와 조화로운 빛깔을 알 수 있니?

바람이란다, 햇빛이란다.

— 꽃들에 묻는다

안청자

시인, 수필가
경남 함안 출생
푸른문학 등단, 푸른문학 평생회원
국제지역학 박사(부경대학교)
한국방송통신대학교(영어영문학과 /
국어국문학과 졸업)
영산대학교(인문문화융합학과 졸업)
부산광역시청 정년퇴임
녹조근정훈장(대통령)
모범공무원상(국무총리)
표창장(문화관광부장관 /
행정자치부장관)

우수지식인상(부산광역시장)
제21회 공무원연금문학상 동상(수필)
제46회 방송대 문학상 당선(수필)
제39회 허난설헌문학상 본상 수상
시집 :「꽃들에 묻는다」
공저 :「푸른詩 100선」시선집
로컬거버넌스 구성요인이 도시창조성과
도시브랜드에 미치는 영향
부산의 정체성 확립과 도시브랜드 가치 제고 방안
북미지역의 인디언 민속축제 연구
 - 유타주 파우와우 중심으로
   J.M. Synge의 작품에 나타난 대립의 극복 양상
 - The Shadow of the Glen과 Riders to the Sea를
   중심으로 외 논문 다수

 푸른문학사

01073 서울시 강북구 도봉로 313 (수유동) 효성인텔리안빌딩
전화 02-992-0333 / 팩스 02-992-0334 / 이메일 poet33@hanmail.net

칠갑산에서 하매 길까지

2023 푸른문학 작가상 시 부문 수상

유병열 시집

삶의 힘을 얻어 서쪽으로 또 서쪽으로
이사를 하게 되면서 지금 이곳 하매 길로
이사해서 자리 잡고 살아온 사십 년이라는
긴 세월 사람이 한번 자리 잡고 산다는 건
쉬운 일이 아니라는 걸 새삼 느끼며
지금도 생각하면 이사 가던 날 목말라 쉬면서
맑은 물로 목을 축이고 벌건 하게 익은 얼굴을
시원한 물로 세수를 한 것이 생각이 납니다.

유병열

시인
충남 청양 출생
한국문화재 등록
 - 대목수 1661호 보유
푸른문학 등단
푸른문학회 운영이사
푸른문학 작가상 수상
시집: 칠갑산에서 하매 길까지

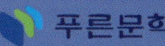 푸른문학사

01073 서울시 강북구 도봉로 313(수유동) 효성인텔리안빌딩 1905호
전화 02-992-0333/ 팩스 02-992-0334/ 이메일 poet33@hanmail.net

가을이 오는 소리

윤번웅 시집

:
:

가을엔 마음문을 활짝 열어 놓고
감사한 마음에 기다리는 반가움

천천히 기다리다 보면
즐겁게 받을 수 있는 감사한 계절

천고마비 신선한 계절에
풍성한 가을을 기대합니다.

하늘하늘 춤추는
코스모스의 모습에서
풍요로운 가을이 기다려 집니다.

윤 번 웅

시인
아호: 죽암(竹巖)
「푸른문학」 등단
「푸른문학」 자문위원
「푸른문학신문」 운영위원
시집: 「가을이 오는 소리」
   교보문고현대시베스트셀러
에세이집: 「부모님 감사합니다」
공저: 「푸른詩 100선」 시선집

 푸른문학사   01073 서울시 강북구 도봉로 313 (수유동) 효성인텔리안빌딩 1905호
전화 02-992-0333 / 팩스 02-992-0334 / 이메일 poet33@hanmail.net

이정희 제4시집

사랑한다는 것은

사랑은,
그를 믿어 주는 것
조용히 바라보며
그의 깊은 속을 읽는 것

아름다운 음악을 들을 때
그의 마음도 저절로 아는 것
들꽃 향기처럼
청순하게 다가서고 싶은 것

– 사랑한다는 것은

이정희

시인
아호: 芸瑟(운슬)
숙명여대 기악학과 졸업
「문예운동」 등단(시인)
「푸른문학」 자문위원
푸른문학회 평생회원
허난설헌문학상 본상 수상
가래문학 동인
공동저서 15권
푸른문학상 시 대상 수상

시집: 제1시집 「어느날 바람결에」
　　　제2시집 「내 마음의 노래」
　　　제3시집 「연둣빛 사랑」
　　　제4시집 「사랑한다는 것은」
공저: 「푸른詩 100선」 시선집

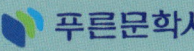 　01073 서울시 강북구 도봉로 313(수유동) 효성인텔리안빌딩
전화 02-992-0333/ 팩스 02-992-0334/ 이메일 poet33@hanmail.net

홍중표 시조시집

여명의 등불

2021
푸른문학상
시조 대상 수상

동틀 녘 새벽 미명 호올로 일어나서
어둠을 뒤로한 채 한 걸음 또 한 걸음
여명의 불빛을 향해 발걸음 옮겨본다

저 멀리 동녘 하늘 어둠을 헤쳐가며
치솟는 붉은 태양 환희다 희망이다
어둠을 깨트려내는 여명의 등불이다

벗이여 우리 모두 마음과 뜻을 모아
너와 나 손을 잡고 한마음 한뜻으로
여명의 등불을 향해 우리 함께 달려가자

— 여명의 등불

홍 중 표

시인, 작사가
삼척 출생
푸른문학 기획이사
푸른문학신문 운영이사
푸른詩 100선 편집위원회 위원
대한민국가요대상 작사 대상 수상
푸른문학 1회 백일장 최우수상 수상
푸른문학신문 시조부문 최우수상 수상
황희정승문학상 본상 수상
매월당문학상 본상 수상

시집: 여명의 등불
공저: 푸른詩 100선 1, 2, 3, 4, 5집
음반: 홍중표 시인 작시
이종록 전북대 명예교수 작곡
푸른문학. 우리는 하나
여명의 등불, 영랑호
섬초롱꽃 사랑
경화역 벚꽃길, 꽃별

 푸른문학사 01073 서울시 강북구 도봉로 313(수유동) 효성인텔리안빌딩 1905호
전화 02-992-0333 / 팩스 02-992-0334 / 이메일 poet33@hanmail.net

푸른문학회 詩選 ❶
우리들이 사랑하는
푸른詩 100선

더불어 사는 세상 수놓은
여백의 순수
푸른숲 그 향기…

강영덕 권선주 김경민 김기덕
宋年均 김명국 김 승 김용원
김유제 김종원 김철수 김태희
김한식 김호경 김화수 金后蘭
류정운 문병동 박명욱 박순분
박인홍 성명순 손해일 송병길
宋永擇 송예진 송정민 시빈
신현철 안영길 양태석 엄기원
여명 吳宕秀 유임희 兪漢根
윤재건 이경divers 이윤효 이은별
이정희 이창희 이현주 임교선
임재구 임한ول 장정은 정기상
조기흥 조상복 조상주 조성숙
지은주 崔祥洵 최양石 崔曙峰
崔鴻生 한재관 홍성훈 홍중표
홍창미   (가나다 順)

푸른문학사
01073 서울시 강북구 도봉로 313(수유동) 효성인벨리안빌딩 1905호
전화 02-992-0333 / 팩스 02-992-0334 / 이메일 poet33@hanmail.net

푸른문학회 詩·隨筆選 ❷
우리들이 사랑하는
푸른詩 100선

더불어 사는 세상 수놓은
여백의 순수, 푸른숲 그 향기…

宋年均 손해일 宋永擇
엄기원 吳宕秀 李玉熙
이은별 김영덕 권선주
김경민 김 승 김영윤
김득환 김 승 김영윤
김명희 김정숙 김진수
김철수 김태희 김한식
김화수 류정운 문병동
문상재 박명욱 박수영
박순분 박용clear 朴珪珠
배문욱 송예진 송정민
詩彬 신경수 신현철
심정숙 심무흥 여명
윤재건 이규석 이명자
이순재 이윤효 이지희
이자영 이정희 임재구
진명재 정기상 정연문
정영수 정은수 조기흥
조상복 조상주 최대순
최양진 崔鴻生 한재관
홍경흠 흥성흔 홍중표
김상민 이선주 이용식
이태식 정 규 한만암
                    (존칭 생략)

푸른문학사
01073 서울시 강북구 도봉로 313(수유동) 효성인벨리안빌딩 1905호
전화 02-992-0333 / 팩스 02-992-0334 / 이메일 poet33@hanmail.net

푸른문학회 詩·隨筆選 ❸
우리들이 사랑하는
푸른詩 100선

더불어 사는 세상 수놓은
여백의 순수, 푸른숲 그 향기…

김후란 손해일 엄기원
이옥희 이은별 임재구
김화수 김기덕 김영희
박명욱 윤비웅 이선주
이정희 최홍규 한재관
홍성훈 김 승 김한식
배경식 전상중 강선동
고이순 김도이 김복근
김명욱 김병님 김상실
김일곤 김진수 나 윤
박수경 박승남 박진숙
배문욱 송예진 송정민
신동현 심무흥 심정숙
심지향 양창식 우종국
윤재건 이경우 이로문
이명선 이상현 이용식
이지혜 이태식 이현선
임석순 임성준 정기상
정신영 정명일 정해수
조상복 조상주 홍성식
홍중표 황규웅   (존칭 생략)

푸른문학사
01073 서울시 강북구 도봉로 313(수유동) 효성인벨리안빌딩 1905호
전화 02-992-0333 / 팩스 02-992-0334 / 이메일 poet33@hanmail.net

푸른문학회 詩·隨筆選 ❹
우리들이 사랑하는
푸른詩 100선

더불어 사는 세상 수놓은
여백의 순수, 푸른숲 그 향기…

김후란 손해일 이옥희
이은별 임재구 김화수
김기덕 김 승 김영희
박명욱 윤비웅 이선주
이정희 정태운 한재관
홍성훈 배경식 전상중
강선동 고이순 김도으
김득환 김병님 김영문
김일곤 김진수 김철수
김춘화 박수경 박승남
박점현 박진숙 배문욱
송예진 신동현 신순희
심정숙 오경재 우종국
윤재건 이명선 이상현
이수진 이용식 이창희
이태식 이향수 장혜숙
전정애 정기상 정영일
정해수 조미숙 조상복
홍중표   (존칭 생략)

푸른문학사
01073 서울시 강북구 도봉로 313(수유동) 효성인벨리안빌딩 1905호
전화 02-992-0333 / 팩스 02-992-0334 / 이메일 poet33@hanmail.net

푸른문학회 詩·隨筆選 ❺

우리들이 사랑하는
푸른詩 100선

더불어 사는 세상 수놓은
여백의 순수, 푸른숲 그 향기…

김년균 김후란 이옥희
이은별 임재구 김화수
김승 김영희 박명욱
우충국 윤재건 이선주
이정희 정기상 조상복
홍성훈 홍중표 김도은
김득환 김병님 김연숙
김은숙 김진수 김현길
박승남 박점현 박준기
박진숙 박호기 배문옥
선지현 송예진 신동현
안영길 이용식 이종해
이창희 이치헌 이태식
이향수 조재훈

푸른문학사 01073 서울시 강북구 도봉로 313(수유동) 효성인텔리안빌딩 1905호
전화 02-992-0333/ 팩스 02-992-0334/ 이메일 poet33@hanmail.net

푸른문학회 詩·隨筆選 ❻

우리들이 사랑하는
푸른詩 100선

더불어 사는 세상 수놓은
여백의 순수, 푸른숲 그 향기…

김년균 이옥희 이은별
임재구 김화수 김경원
김도경 김도은 김승
김영희 김종원 김진수
류재엽 박기상 박명욱
박진선 박홍기 배문옥
송예진 송정민 신동현
안영길 유재남 이동순
이상현 이선주 이영자
이용식 이정희 이치헌
조상복 최낙철 홍중표
(존칭 생략)

푸른문학사 01073 서울시 강북구 도봉로 313(수유동) 효성인텔리안빌딩 1905호
전화 02-992-0333/ 팩스 02-992-0334/ 이메일 poet33@hanmail.net

푸른문학회 詩·隨筆選 ❼

우리들이 사랑하는
푸른詩 100선

더불어 사는 세상 수놓은
여백의 순수, 푸른숲 그 향기…

김년균 이옥희 이은별
임재구 김화수 권영엄
김경원 김금분 김기덕
김승 김진수 류재엽
박기상 박명욱 박미화
박수경 박준기 박진선
박진숙 박호기 배문옥
송예진 신동현 안청자
오건미 유병열 윤번웅
이명선 이선주 이영순
이영자 이윤식 이정희
이창희 조상복 최낙철
최영자 홍중표
(존칭 생략)

푸른문학사 01073 서울시 강북구 도봉로 313(수유동) 효성인텔리안빌딩 1905호
전화 02-992-0333/ 팩스 02-992-0334/ 이메일 poet33@hanmail.net

푸른문학회 詩·隨筆選 ❽

우리들이 사랑하는
푸른詩 100선

더불어 사는 세상 수놓은
여백의 순수, 푸른숲 그 향기…

이은별 임재구 김화수
고정관 권영엄 김경원
김기덕 김승 남점식
류재엽 박기상 박명욱
박진선 박홍기 배문옥
신동현 안청자 엄수영
유명열 유준희 윤번웅
이명선 이영순 이영자
이정희 이창희 장평진
지소하 최낙철 최영자
홍중표 황윤기
(존칭 생략)

푸른문학사 01073 서울시 강북구 도봉로 313(수유동) 효성인텔리안빌딩 1905호
전화 02-992-0333/ 팩스 02-992-0334/ 이메일 poet33@hanmail.net

편집위원장	임재구
편집위원	김화수 강윤수 고정관 김경원 김승 문각 박홍기 신청균 안청자 유병열 최낙철 홍중표

푸른문학선·230

푸른詩 100선
사랑하는 푸른시

- 푸른문학회 시·수필선 10

2025년 11월 1일 초판 인쇄
2025년 11월 5일 초판 발행

저　자 | 푸른문학회
발행인 | 이 혜 순
편집인 | 이 은 별
주　간 | 임 재 구
발행처 | 푸른문학사
등　록 | 제 2015 - 000039
주　소 | 서울시 강북구 도봉로 313 효성인텔리안빌딩
전　화 | 02) 992 - 0333
팩　스 | 02) 992 - 0334

신　문 | 푸른문학신문(인터넷)www.kblpn.com
BAND | 푸른문학
이메일 | poet33@hanmail.net
　　　　 bluestarv@naver.com
cafe.daum.net/stargreenwood푸른문학사
NAVER BAND-band.us/@blue33 | 푸른문학

ISBN 979-11-94629-04-7

값 17,000원

저자와의 합의하에 인지 첨부 생략합니다.
파본은 구입하신 서점에서 교환해 드립니다.
이 책은 저작권법에 의해 보호를 받는 저작물이므로 무단전재와 복제를 금합니다.

푸른문학회 詩·隨筆選 ❾

우리들이 사랑하는
푸른詩 100선

더불어 사는 세상 수놓은
여백의 순수, 푸른숲 그 향기…

이은별	임재구	김화수
강윤수	고정관	권영엄
기정자	김경원	김금분
김승	남점식	류재엽
문각	박금란	박명옥
박홍기	배문옥	송치삼
신동현	신청균	신현준
심상봉	안청자	유병열
유준희	윤번웅	이경원
이영자	이정희	이창희
장봉진	지소하	최낙철
최영자	홍중표	

〈존칭 생략〉

푸른문학사

01073 서울시 강북구 도봉로 313(수유동) 효성인텔리안빌딩 1905호
전화 02-992-0333/ 팩스 02-992-0334/ 이메일 poet33@hanmail.net